にっぽん縦断
民鉄駅物語［東日本編］

完全網羅！ 全国162鉄道途中下車の旅

櫻井　寛
Sakurai Kan

交通新聞社新書 096

はじめに

日本経済新聞の夕刊に２００８年10月1日より「にっぽん途中下車」と題したコラムを連載し8年が経過した。第1回は忘れもしない長野県の小諸駅だった。我が故郷の駅であり、今は亡き母が太平洋戦争中に電話交換士として勤務した駅でもあった。我が人生の様々な思い出が交錯する忘れようにも忘れられない駅なのだ。

以来、今日まで、全国津々浦々、４００余駅を綴ってきたが、毎年、テーマを決めて途中下車を愉しんできた。最初の2年間はタイトル通り「途中下車駅（ＪＲ）」だった。次の年からはＪＲの全81「終着駅」を訪ねた。ところが、ＪＲに限定すると沖縄県には永遠に行くことができない。そこで、ＪR終着駅の次の旅は「私鉄駅」に決めた。その第1回が、２０１２年4月4日掲載の「ゆいレール」壺川駅だった。

その後、私鉄、第3セクター、交通局など、ＪＲを除く民鉄駅に途中下車すること１６６回、足かけ4年に及ぶ民鉄旅の終着駅が本書である。１６２民鉄１６６話が新書1冊には収まりきれず、東日本編、西日本編の2冊に分冊となったが、ＪＲとは異なり、各民鉄の実に個性的なこと。まさにきら星を巡る楽しい旅となった。読者の皆様には、途中下車を通じて、各民鉄の個性を感じ取っていただけましたら、作者として望外の喜びです。

２０１６年5月　　櫻井　寛

◉目次

［南関東］

[甲信越・北陸]

北海道・東北

春爛漫の山形鉄道フラワー長井線

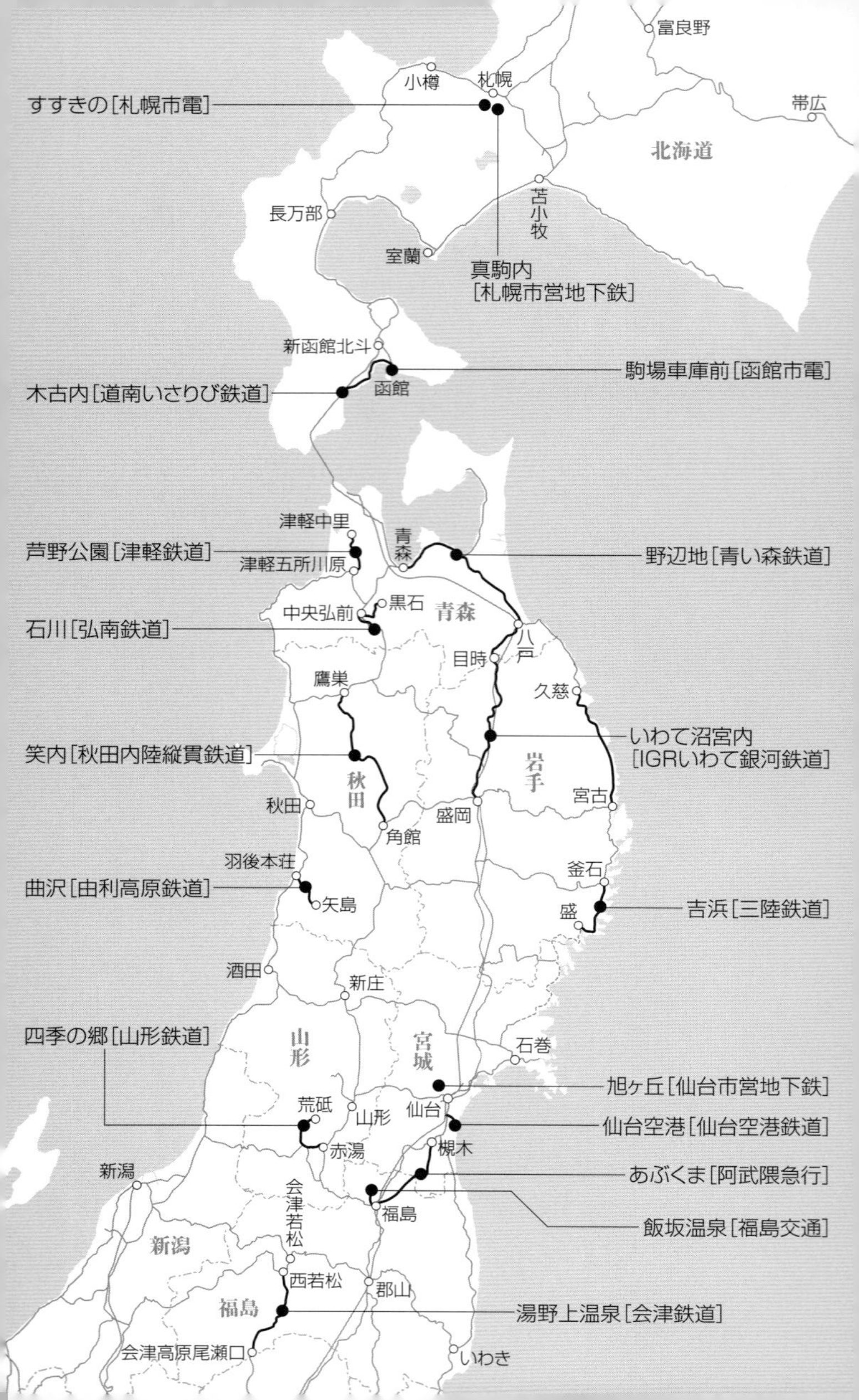
富良野
小樽
札幌
帯広
すすきの[札幌市電]
北海道
苫小牧
長万部
室蘭
真駒内
[札幌市営地下鉄]
新函館北斗
駒場車庫前[函館市電]
木古内[道南いさりび鉄道]
函館
津軽中里
青森
芦野公園[津軽鉄道]
野辺地[青い森鉄道]
津軽五所川原
黒石
中央弘前
青森
石川[弘南鉄道]
八戸
目時
鷹巣
久慈
いわて沼宮内
[IGRいわて銀河鉄道]
笑内[秋田内陸縦貫鉄道]
岩手
秋田
秋田
宮古
盛岡
角館
羽後本荘
釜石
曲沢[由利高原鉄道]
矢島
吉浜[三陸鉄道]
盛
酒田
新庄
四季の郷[山形鉄道]
山形
宮城
石巻
旭ヶ丘[仙台市営地下鉄]
荒砥
山形
仙台
仙台空港[仙台空港鉄道]
赤湯
槻木
新潟
あぶくま[阿武隈急行]
会津若松
福島
飯坂温泉[福島交通]
新潟
西若松
郡山
福島
湯野上温泉[会津鉄道]
会津高原尾瀬口
いわき

祝！　ながまれ号出発！——道南いさりび鉄道◉木《き》古《こ》内《ない》駅（北海道）

2016（平成28）年3月26日、北海道新幹線開業の記念すべきこの日、私は新青森駅を6時32分に発車する「はやて91号」に乗り、いの一番に「青函トンネル」をくぐり抜け、7時24分、杉の木の香もすがすがしい北海道新幹線の木古内駅に降り立った。

まずは念願の一番列車乗車が果たせたので、次なる目標は、やはり本日開業の「道南いさりび鉄道」初乗車である。ところが、8時19分木古内発の函館行きに乗るつもりだったが、改札口で耳寄りな話を聞いた。出発式は函館駅で11時30分から、祝賀列車は12時発の「ながまれ号」というものだ。

波と漁り火をイメージしたロゴ

それならば、「道南いさりび鉄道」初乗車の楽しみは12時までとっておいて、次の新幹線「はやて93号」で新函館北斗駅を経由し、「函館ライナー」で函館駅に先回りすることにした。

かくして、11時30分より函館駅5～6番ホームにて、石井啓一国土交通大臣、高橋はるみ北海道知事、小上一郎道南いさりび鉄道社長らによるテープカットが行われ、12時ちょうど、「ながまれ号」上磯行きは発

大野川を渡る「ながまれ号」。2両目は在来塗装。久根別～東久根別間

車した。

ちなみに「ながまれ」とは、道南地方の懐かしい方言で、「ゆっくり、のんびりして」の意とのこと。ポスターには、「車内で食事が楽しめるようなテーブルやヘッドレストを設置した特別仕様としても利用可」とあるが、外観こそ函館山と漁り火をイメージした新塗装ながら、車内はJR時代と何ら変わらぬキハ40形だった。無理もない。昨日まではJR江差線だったのだから。

函館の市街地を走ること22分でこの列車の終点上磯駅に到着となった。函館へと折り返す「ながまれ号」を見送った後、次の木古内行きまで長い待ち時間を楽しむ。そして1時間30分後、到着した木古内行きは、なんと先ほどと同じ「ながまれ号」だった。別の車両かと思った

いさ鉄特別応援隊の徳永ゆうきさん

出発式。小旗を振る高橋知事と石井国交相

道南地域情報発信列車ながまれ号

3月26日、未だ残るJRの駅名板

が、車体のナンバーは変わりなし。函館往復が可能なことは、時刻表を見て納得した。

本日2回目の「ながまれ号」は上磯駅を発車した。セメント工場を後にして、間もなく茂辺《もへ》地《じ》駅という頃、進行方向左手に海が広がった。函館湾、その先は津軽海峡である。沖には函館山がシンボリックに浮かぶ。これぞ江差線、いや、本日より「道南いさりび鉄道」の絶景である。

途中駅から「函館慕情」を歌う二十歳《はたち》の演歌歌手、徳永ゆうきさんが、「いさりび鉄道特別応援隊」のたすき姿で乗り込んできた。若くてビッグな応援団だ。「道南いさりび鉄道」の門出に私も徳永さんと肩を組みエールを送った。

ラーメンか、市電か？——札幌市電◉すすきの電停（北海道）

「ご乗車ありがとうございました。間もなく終点の札幌に到着します」

早朝6時23分に網走駅を発車した特急「オホーツク2号」は、あと5分ほどで札幌駅に到着するところだった。豊平川《とよひら》を渡河すると進行方向左手前方に高層ビルが林立する札幌都心部と、秋の空にすっくと立つ藻岩山《もいわ》が現れた。

時計の針は間もなく11時46分。一方、私が次に乗る列車は、13時17分発の特急「北斗14号」函館行き。この列車が、津軽海峡線と東北新幹線に接続し、今日中に東京まで行くことができる最終列車である。札幌でもう1泊したいところだが、明朝は東京で仕事がある。それゆえ、どうしても「北斗14号」に乗らなければならないのだ。

札幌で私に与えられた時間は、1時間と31分。天気がいいのでロープウェイで藻岩山に登りたくなったが時間的に危ない。さりとて札幌駅に1時間半というのも芸がない。その時、腹が鳴った。

「そうだ、すすきので、ラーメンを食べよう！」

ということで、札幌地下鉄南北線に乗って、すすきの駅で下車したのだが、地下鉄の出口を上

西4丁目に到着した札幌市電。1958年生まれの212号

がったところで、飛び込んできたのが緑色の路面電車「札幌市電」だった。運転手さんに所要時間を尋ねてみる。終点の西4丁目まで、およそ45分とのこと。西4丁目は地下鉄大通駅に隣接しているので、待ち時間を含めても札幌駅まで1時間弱といったところだ。

「札幌ラーメンを食うか、札幌市電に乗るか、それが問題だ?」。迷っていると運転手さんが、「発車しますよ!」と促す。その声に私は反射的に飛び乗っていた。資生館小学校前、東本願寺前、山鼻9条……と進む。腹の虫が「今戻ればラーメン食えるぞ」と誘惑する。けれども、結局全線乗り通し西4丁目で下車した。

振り返ると、すすきののシンボル「ヒゲのニッカ」が見えた。45分前に市電に乗車した場所である。狐か狸につままれた気分だが、無理も

すすきののシンボル「ヒゲのニッカ」と札幌市電

ない。すすきのと西４丁目の直線距離は、わずか４００メートルなのだ。札幌市は同区間を延長し環状線にする計画を発表した。それもいいが、私としては札幌駅まで延長してほしい。

＊２０１５年12月20日にすすきの〜西４丁目間が開通し環状線運転となった。

札幌市電M101号。愛称は親子電車

ゴムタイヤの地下鉄――札幌市営地下鉄◉真駒内《まこまない》駅（北海道）

「ブルートレイン廃止へ」のニュースには少なからず落胆した。ブルトレは、子どもの頃からの憧れの列車だったからだ。いずれ廃止になることは予想していたものの、いざ告知されると辛い。みどりの窓口で、希望の乗車日を告げる。「あけぼの」は売り切れだったが、「北斗星」に空きがあった。自動的に旅の目的地は札幌に決まった。

「北斗星」は夜を徹して、みちのく路を北上し翌朝6時35分、函館着。波も静かな内浦湾を眺めつつ食堂車「グランシャリオ」でゆっくり朝食をいただき、11時15分、粉雪舞う札幌駅に歩を止めた。

昨日、上野駅を発ってから16時間12分が経過していたが、航空機や新幹線では味わうことのできない充実の時間だった。だがこの気分、あと何回味わえるのだろう?

さて、札幌での私の定番観光コースといえば、札幌市電に乗り、ロープウェイで藻岩山に登ったり、すすきのに札幌ラーメンを食べに繰り出したりなどだが、北海道一の繁華街すすきのへは札幌市営地下鉄南北線で行くのが常である。札幌オリンピック開幕前年の１９７１（昭和46）年12月に開業した全国初のゴムタイヤの地下鉄だ。

シェルター内を行く札幌市営地下鉄南北線

地下鉄さっぽろ駅のホームに降りると、タイヤの音を軋ませながら真駒内行きが到着した。車体幅3メートルを超える大柄な車両だが、動きは機敏である。ゴムタイヤの威力であろう加速がいい。ゴムタイヤの地下鉄といえば、パリのメトロが有名だが、やはりキビキビと走っていたことを思い出す。

さっぽろ駅の次は、雪まつりの会場で有名な大通駅。その次はもうすすきの駅だが、久々に終点の真駒内駅まで乗りたくなった。

平岸駅を過ぎると車窓が急に明るくなり地上区間に出た。雪が眩しい。市街地の向こうに藻岩山が見える。その近くには、スキーのジャンプ台があるはずだ。

やがて終点の真駒内駅に滑り込む。札幌オリンピックのメイン会場があった場所だ。駅前の札幌オリンピック記念塔には、ゴールドメダリストが刻まれている。あった！　笠谷幸生。笠谷、金野、青地の3選手が、70メートル級ジャンプで金銀銅メダルを独占した興奮は、42年後の今も忘れられない。

＊寝台特急「北斗星」は、２０１５年3月13日をもって定期運行終了。

ササラ電車に会いたい――函館市電◉駒場車庫前《こまばしゃこまえ》電停（北海道）

3月号の時刻表が発売された。3月16日に実施されるJRグループダイヤ改正号だ。大きなニュースは秋田新幹線E6系「スーパーこまち」の誕生と、東北新幹線E5系「はやぶさ」の国内最高時速320キロ運転といったところだが、秋田と青森がより近くなるわけで今から楽しみである。

その一方、姿を消す列車もある。東京駅を朝6時28分に発車するE2系「はやて11号」だ。ダイヤ改正で「はやぶさ1号」にバトンタッチするのだ。「はやて11号」は東北新幹線の実質的な一番列車だったので、これまでずいぶんお世話になった。また、E2系「はやて」が新青森まで走るのもダイヤ改正まで。そこでE2系「はやて11号」の乗り納めを兼ねて新青森へ。さらに「スーパー白鳥11号」で函館へと足を伸ばした。

函館まで来た理由は、一昨年の夏、東京で初デートして以来すっかりご無沙汰の彼女が函館に住んでいるからだ。彼女の名は「ササラ電車」。ササラとは細かく割った竹を束ねたもの。それを多数取り付けたブラシを電車の前後で回転させ線路上の雪を跳ね飛ばす除雪車が「ササラ電車」だ。冬の函館と札幌の風物詩だが、中でも函館市電の「ササラ電車」の前身は、1934

函館山をバックに十字街を行く北海道新聞の広告電車「道新ぶんぶん号」

(昭和9)年まで東京で活躍していた元東京市電。
そんな縁もあって、2011(平成23)年夏、江戸東京博物館で開催された「東京の交通100年博」の期間中、函館から東京に里帰り。その際に初デートを楽しんだのである。

函館駅前から乗ったのは湯の川行き電車だった。

今年の函館は大雪で「ササラ電車」の出動も例年になく多いそうだ。私は大いに期待して、松風町や五稜郭公園前など交差点を曲がる度に前方から「ササラ電車」が来ないかと目を凝らした。ところが運転手さんは言った。

「ササラかい? 走るとしても夜中か朝駆《が》けだ。昼間は駒場の車庫に、いるんでないかい?」

その言葉に途中下車したのは駒場車庫前だった。降りしきる雪の中、多数の電車が出発を待っていたが彼女は見当たらない。どうやら車庫の奥のようだ。その日は深夜まで待ち続けたが、彼女は姿を見せてくれなかった。

駒場車庫の函館市電。「ササラ電車」は車庫の奥に

2011年に江戸東京博物館で公開された「ササラ電車」（元東京市電）

太宰の故郷——津軽鉄道◉芦野公園《あしのこうえん》駅（青森県）

今年もまた津軽鉄道の冬の風物詩「ストーブ列車」が運行を再開したと、ニュース番組が報じていた。無性に乗りたくなって東京駅から東北新幹線「はやぶさ1号」に飛び乗る。新青森駅まで713・7キロをわずか3時間10分、速くなったなとつくづく思う。在来線時代の特急「はつかり1号」がおよそ9時間を要していたのだから。

けれども新青森駅から先の接続は悪かった。奥羽本線は4分前に発車したばかりで次の列車まで42分待ち。さらに川部駅でも52分待って五能線に乗り換える。せっかく「はやぶさ」で来ても、在来線の接続がこれでは何をか言わんや、である。寒い季節だけに列車の待ち時間がことさら長く感じられ辛いのだ。

かくして13時53分、JR五所川原駅に降り立つ。接続の悪さにいささか虫の居所の悪かった私だったが、JR駅に隣接する津軽鉄道の津軽五所川原駅待合室に入ると、得も言われぬ懐かしさに心が和んだ。ストーブを囲むようにして座るお婆さんらが津軽弁の花を咲かせていたからだ。

切符を買って3番線で発車を待つストーブ列車へ。昔ながらの手動ドアを押し開け車内に入ると、これまた何とも言えぬ懐かしい香りと温もりに包み込まれた。石炭が燃える香りと、ダルマ

冬の津軽鉄道の風物詩「ストーブ列車」。毘沙門～嘉瀬間

「よぐ来てけした」。津軽半島観光アテンダントの竹内琴恵さん

ストーブの暖房だ。今まさに、車掌さんが石炭をくべている。その光景に、エアコンの普及によってすっかり姿を消してしまった小学校の教室の石炭ストーブを思い出す。

14時10分、ストーブ列車は発車した。十川《とがわ》、五農校前、津軽飯詰と丹念に停車して行く。途中、金木《かなぎ》駅では5分間停車して上り「走れメロス号」と待ち合わせ。太宰治の生家「斜陽館」最寄り駅として金木駅で下車する人は多いが、私は次の芦野公園駅で途中下車。太宰の小説『津軽』には、芦野公園駅での情景が活写されているからだ。

金木町長が上野駅で芦野公園までの切符を求め、「そんな駅はない」と、言われて憤然とする話。久留米絣の娘さんと改札係の美少年……。雪のホームに降り立つと、今にも町長が、娘さんと改札係が、そして太宰治本人が現れるような気がしてならなかった。

りんご電車
弘南鉄道◉石川《いしかわ》駅（青森県）

「あけぼの」の寝台券がようやく入手できたので雪の青森へと旅立つ。

3月15日のダイヤ改正まであと1ヶ月少々。2月は短いのであっと言う間に来てしまうだろう。「あけぼの」に乗るのはおそらくこれが最後。B寝台のベッドに横になり目を閉じたのだが、最後だと思うと胸に去来するものが多く、なかなか寝入ることができなかった。

日の出は秋田駅を過ぎ、八郎潟付近を走行中だった。朝日が新雪にキラキラと反射して眩しい。

周辺はリンゴ畑の弘南鉄道の石川駅

「目覚めると、そこは雪国」という夜行寝台列車ならではの旅情が味わえなくなるのは本当に残念だ。新聞に廃止理由が、「老朽化のため」と載っていたが、国鉄時代の車両を長年使えば老朽化するのは当然のこと。新車が無理ならリフォームという手もあったのでは？　話題の新星「ななつ星」に乗ってきた直後だけに、「あけぼの」の廃止は残念でならないのだ。

弘前で降りようか、終着駅青森まで行こうか迷っていたが、「次は大《おお》鰐温泉《わにおんせん》です」という車内放送に敏感に反応していた。ローカル私鉄の

冬のリンゴ畑を行くステンレスカー

東急百貨店の字も懐かしいリンゴをイメージした吊り革

「弘南鉄道大鰐線」が走っていることを思い出したからだ。かくして9時03分、大鰐温泉駅で下車し、隣接する弘南鉄道大鰐駅より9時50分発の中央弘前行きに乗車する。

車内でまず目にとまったのは吊り革だった。輪の部分が赤く塗られ、その上部に、緑色の三角フエルトが添えられている。「岩木山」と「リンゴ」をイメージした心温まる吊り革であ

平川鉄橋を渡る元東急7000系。外側ディスクブレーキがよく目立つ

る。吊り革の上の部分には「東急百貨店」の文字が残る。往年の東急電車が雪の津軽で活躍中というわけだ。

　2両編成の弘南鉄道はわずか数名の客を乗せて発車した。大鰐は山が近かったが走るにつれ平野となり、リンゴの木が並ぶ雪の果樹園が広がった。電車の前方には津軽のシンボル岩木山（1625メートル）が現れた。岩木山を撮りたくなり途中下車したのが石川駅だった。

　撮影場所を求めて歩いていると名物「大仏餅」の看板を掲げた菓子店があった。餅を求めながら大仏の由来を尋ねてみれば、近くの石川城跡の別名が「大仏ヶ鼻城」。弘前城が築城されるまで津軽氏の居城だったとは。

＊寝台特急「あけぼの」は、2014年3月14日発をもって定期運行終了。

青い森は鉄道防雪林――青い森鉄道◉野辺地《のへじ》駅（青森県）

青森から乗った青色の電車の名は「青い森鉄道」だった。青づくしというわけだが、青い森鉄道は、東北新幹線の八戸および新青森開業に伴い、並行して走る東北本線を経営移管した第3セクター鉄道で、青森県内は「青い森鉄道」と命名された。

八戸行きの電車は2両編成でワンマン運転だった。平日の昼時に乗ったのだが、座席はすべて埋まり立ち客もいる。なかなかの乗車率である。しかも中吊り広告が賑やかだ。

「JAあおもり」「青森県立美術館」「三沢市先人記念館」「北里大学」……地方鉄道は車内広告が寂しいものだが、青い森鉄道は都会の電車並みである。地元の温かな声援が聞こえてくるかのようだ。しばらく走るうちに左側の車窓に青い海が広がった。陸奥湾である。ほどなく浅虫温泉駅に停車し、アナウンスが流れた。

「通過列車を待ちます。5分間ほど停車します」

臨時特急でも来るのかなと思いきや、なんと、コンテナ貨車を20両ほども連ねた貨物列車だった。貨物に抜かれるとは!?　ちょっぴり釈然としないものを感じたが、青い森鉄道にとって、JR貨物も大切なお客さんだ。

野辺地駅の背後には、鉄道防雪林が広がっている

浅虫温泉を発車後、点在する家並みを眺めていると民家の屋根がカラフルなことに気がついた。瓦ではなく、いわゆるトタン葺きだ。雪が多い証拠である。瓦屋根との境はどこだろうと眺めていたが、結局、大湊線乗り換え駅の野辺地まで瓦屋根は現れなかった。大湊線の発車まで１時間ある。そこで駅周辺を散策することにした。

野辺地駅からはかつて南部縦貫鉄道のレールバスが七戸まで走っていた。廃止されて10年以上経つ。懐かしくなってホームのあった場所まで行ってみることにした。といっても、当時はＪＲ野辺地駅に直結していたが、今は踏切を渡って大きく迂回しなければならない。

10分以上歩いただろうか、見事な杉林の先に、南部縦貫鉄道の線路跡はあった。ホームや駅舎はもうないが、そこに「日本最初の鉄道防雪林」の碑があった。鉄道を雪から守るため１８９３（明治26）年に植樹された杉林だ。現在は、「青い森鉄道」を守る「青い森」である。

うまくない？ とんでもない！――ＩＧＲいわて銀河鉄道◉いわて沼《ぬま》宮《く》内《ない》駅（岩手県）

この季節、日本列島を北に向かう列車の旅は、タイムマシンに乗ったかのような気分が味わえる。なぜなら、東京以西ではすでに散ってしまった桜がもう一度楽しめるからだ。東京駅から乗った東北新幹線は、「はやて」でも「はやぶさ」でもなく停車駅の多い「やまびこ」だった。気が向いた駅で途中下車しようという魂胆である。

元来食いしん坊の私のこと、宇都宮では餃子、郡山はグリーンカレー、白石蔵王の温麺、仙台牛タン、古川はっと（別名ひっつみ）などが目に浮かんだが、まだ午前中なので帰りに寄ろうと考えるうち、「やまびこ」の終点盛岡駅に到着した。

本日は五月晴れ。駅近くを流れる北上川の河畔から岩手山が望まれる。だが、ビルにはばまれ見えるのは山頂付近のみ。裾野も雄大な岩手山全体が眺めたくなり、飛び乗ったのは「ＩＧＲいわて銀河鉄道」だった。２００２（平成14）年の東北新幹線八戸開業に伴い、東北本線を継承して開業した第３セクター鉄道である。今年で10周年というわけだが、それにしても「ＩＧＲいわて銀河

2002年12月1日沼宮内から改称

いわて沼宮内駅に停車するIGRいわて銀河鉄道7000系（JR701系）

ホームには「石神の丘美術館」の案内。背後は東北新幹線高架ホーム

左から2人目が、おこわ弁当の
生みの親、府金早苗ばっちゃん

鉄道」とは、なんて長い名前なのだろう。「ＩＧＲ」でも「いわて鉄道」でも「銀河鉄道」でもよかったのでは？

それはともかく、盛岡を発車すると進行方向左側の車窓に岩手山が近づいてきた。標高２０３８メートル、南部富士、岩手富士などの異名をとる堂々たるコニーデ型火山だ。石川啄木ゆかりの渋民から花輪線分岐駅の好摩にかけて、刻々と姿を変える岩手山に目を奪われる。やがて視界から遠ざかると、いわて沼宮内駅に停車した。

沼宮内駅といえば、思い出すのが、国鉄出身の三遊亭圓歌の落語である。沼宮内駅の駅弁売りが、「弁当、弁当！」と言えば、続いて駅員が、「うまくない、うまくない！」

いかにも山手線は新大久保の駅員だった圓歌師匠らしい小咄である。

さて、いわて沼宮内駅に駅弁はないものかと途中下車してみれば、あった！「さなえばっちゃんのおこわ弁当」。竹皮の容器の中身は五目おこわ。田舎の素朴な味覚が口中いっぱいに広がる。駅弁でお袋の味が楽しめるとは、まさに口福。

クウェートからの贈り物——三陸鉄道◉吉浜《よしはま》駅（岩手県）

今年（2013年）のゴールデンウィークに私が目指したのは三陸鉄道の南リアス線だった。東日本大震災から丸2年を経た今年4月3日、ついに盛《さかり》〜吉浜間の21・6キロが復旧したからだ。もちろん4月3日に飛んで行きたかったが、あいにく海外取材中だったため、ようやく三陸行きが叶ったのである。

東京からのルートは、まず東北新幹線で仙台へ。その後は仙石線、石巻線、気仙沼線、大船渡線と、三陸沿岸部を経由して三陸鉄道の起点盛駅を目指すというもの。震災により一部の鉄道が不通なのは百も承知である。けれども安易に車では行きたくなかった。代行バスなど、あくまでも公共交通機関にこだわって三陸鉄道を目指したのである。

まず仙石線の不通区間は高城町《たかぎまち》〜陸前小野間の11・7キロにまで減少していた。石巻線は最後の1駅の浦宿〜女川《おながわ》間の2・5キロのみ。ともに後わずかで全線復旧だ。

けれども気仙沼線は被害甚大で列車が走るのは柳津《やないづ》駅までの17・5キロ。その先の55・3キロは、昨年BRT（バス高速輸送システム）方式で仮復旧となった。被災した軌道跡にレールは敷設せず、バス専用道とした新しい交通機関だ。さらに気仙沼から先の大船渡線も今年3月よりBR

キットカットによる「キット、ずっとプロジェクト」の吉浜駅舎

クウェートから贈られた車両が吉浜駅に到着

クウェートの国章が描かれた新造車両36-700形

Ｔ化された。バスとはいえ、これまでのことを思えば、ずいぶん便利になったわけだが、連休中にも拘わらず、乗客がずいぶん少ないことが気になった。また柳津から盛まで約１００キロをＢＲＴでおよそ３時間半の行程は、結構しんどいものであった。

かくして早朝に仙台を発った夕刻、大船渡市の盛駅に到着した。かつてのＪＲ大船渡線のホームに、ＢＲＴという名のバスで到着する気分は妙な感じだが、隣のホームでは、本物の列車が発車を待っていた。４月３日に運行を再開した三陸鉄道南リアス線のディーゼルカーだ。ピッカピカの新車である。車体にはクウェートの国章が描かれている。震災により３両が廃車となった代わりに、クウェート国から３両プレゼントされたのだ。盛駅発車と同時に目頭が熱くなった。私にとって２年２ヶ月振りの三陸鉄道南リアス線である。ＢＲＴには悪いが、やはり鉄道の方が断然いい！

＊仙石線は２０１５年５月30日、石巻線は２０１５年３月21日、全線復旧した。

韓流アイリスの舞台――秋田内陸縦貫鉄道◉笑内《おかしない》駅（秋田県）

秋田新幹線「こまち21号」で北上する。東京から那須塩原までは快晴でうららかな日差しに包まれていたが、新白河を過ぎる頃には雪雲が頭上を覆い、福島付近ではすっかり雪景色となった。この車窓風景の変化は、冬のシーズン、北へ向かう列車旅の醍醐味といえよう。ことに秋田新幹線の場合は盛岡から先は在来線の田沢湖線に乗り入れ、速度も遅くなるので雪見列車には最適である。

雫石駅に停車し、赤渕駅を通過すると積雪がぐんと増した。岩手県と秋田県とを分かつ峠越えに差しかかったのだ。白一色の峡谷があたかも山水画の世界である。分水嶺のトンネルを抜け秋田県に入って最初の停車駅が田沢湖駅。ここで50代と思しき賑やかな女性4人組が乗ってきた。顔立ちこそ日本女性と似ているものの、派手な色彩の服装は日本のファッションとはちょっと違う。どこの国かなと思いきや、

「アンニョンハセヨー」と韓国語で挨拶された。

韓流ドラマ「アイリス」の舞台となった秋田県を巡っているそうだ。イ・ビョンホン主演で韓国では瞬間視聴率50・2％を叩き出した超人気ドラマである。

「私もアイリス観ましたヨー。イ・ビョンホンも大好きですネー!」と、言うともう大喜びで、アイリスのロケ地田沢湖畔たつこ像の前で撮った記念写真を見せてくれた。

「こまち21号」の次の停車駅は城下町の角館。私はここで下車し、秋田内陸縦貫鉄道に乗り換える。なんと、韓国のナイスミディ4人組も内陸線に乗ると言う。赤いディーゼルカーに乗り込むや否や、「サインよ!」と、歓声をあげた。車内にアイリス出演俳優のサインが描かれていたのだ。秋田内陸鉄道がアイリスに登場したことは知ってはいたが、車内にサインがあるとは知らなかった。

アイリスのロケ地、阿《あ》仁《に》合《あい》まで行くと言う4人組に別れを告げ、私が途中下車したのは笑内駅だった。理由は思わず笑みがこぼれるユニークな駅名に惹かれたからだ。ホームに一人降り立ち、発車して行く内陸鉄道を見送る。窓越しに韓国の4人組が少女のような笑顔で手を振る。私はもう和製イ・ビョンホンになった気分。

秋田内陸線笑内駅に停車する「アイリス号」

サイン入り「アイリス号」の車内と女性乗務員

阿仁川に架かる大又川鉄橋を渡るAN-8800形
軽快ディーゼル動車。笑内〜萱草間

おばこ富士

——由利高原鉄道◉曲《まがり》沢《さわ》駅（秋田県）

上野駅から乗ったのは寝台特急「あけぼの」青森行きだった。夜の主役だったブルートレインも、航空機や新幹線に押され、今や片手で数えられるほど。そんな状況下でも「あけぼの」の人気は高く、この日も個室寝台は完売で、私は昔ながらの2段式B寝台で夜汽車の旅を満喫していた。

停車のショックで目覚めると鶴岡駅だった。時計の針は4時半を回ったところだ。初夏だけに夜明けは早く、カーテンの隙間から差し込む朝日が眩しい。こうなってはもう寝てはいられない。カーテンを全開にすると車窓いっぱいに青田が広がった。

余目、酒田と停車し、吹浦を過ぎると左手に日本海が現れ、ほどなく山形県と秋田県の県境を越える。続いて「奥の細道」最北の地、象潟《きさかた》を過ぎて、6時01分、羽後本荘駅停車。私はここで下車する。由利高原鉄道に乗り換えるためだが、一番列車は6時56分発なので、それまで駅前通りを散歩する。

周辺はすべて田圃の曲沢駅

曲沢駅に到着する「おばこ号」(この車両は2014年7月13日運行終了)

そこで目にとまったのが由利本荘市の観光ポスター。今もてっきり本荘市だと思っていたら、合併により改称されていた。全国にはピンと来ない新市名も少なくないが由利本荘市はなかなかよい。由利高原鉄道を連想させるからだ。

駅に戻ると2両編成のディーゼルカーが発車を待っていた。先頭は秋田小町のイラストが描かれた「おばこ号」、2両目は車体全体に残雪の富士が描かれている。だが、よくよく見れば富士山ではなく鳥海山。別名は出羽富士、または秋田富士。角度によっては富士山そっくりの山容である。

羽後本荘駅を発車すると、4分ほどで薬師堂駅に停車。あたかもバス停のような駅名である。その次は子吉《こよし》駅。さらに鮎川駅。途中下車したくなる駅名が続く。その次の黒沢駅を発車し、子吉川鉄橋上で、進行方向右側の車窓に鳥海山が現れた。実に美しい山容だ。途中下車駅は次の駅に決まった。列車は大きくカーブを切りながら曲沢駅に停車し、私はホームに立ち降りた。列車を見送った後、ホームより鳥海山を愛でる。標高2236メートル、東北地方第2位の高峰だ。出羽富士、秋田富士もいいが、「おばこ富士」はいかが？

＊寝台特急「あけぼの」は、2014年3月14日発をもって定期運行終了。

車窓には鳥海山麓の豊穣なる田園が広がる

「おばこ号」アテンダントよりプレゼント！

最古の大型鉄橋――山形鉄道◉四季《しき》の郷《さと》駅（山形県）

　6月23日は東北新幹線開業30周年、7月1日には山形新幹線も20周年を迎えた。十年一昔というが、もう20年と30年か。早いものだと思う。あの日生まれた赤ちゃんが、かたや成人、こなた三十路《みそじ》なのだから。

　そこで「つばさ」に乗って山形を目指す。福島までは東北新幹線30周年を祝し乾杯。その先は山形新幹線20周年のお祝いで二度乾杯というわけだ。車両は秋田新幹線「こまち」と同じE３系だが、大好きだったイケメン４００系はすでにない。初代東北新幹線の２００系は今も現役なのに４００系は二十歳前に廃車となった。美人薄命とは言うが、イケメンもまた短命なのかしらん。

　そんなことを考えるうちに「つばさ」は東北新幹線を疾駆し福島から在来線に乗り入れた。この先が山形新幹線のハイライト、板谷峠越えである。在来線規格とはいえ「つばさ」は１０００分の38、つまり１０００メートル進む間に38メートル上昇する全国の新幹線の中でももっとも急な勾配を越えて行くのだからすごい。急峻な峠路を車窓から堪能する。

　峠を駆け下りると、そこは置賜《おきたま》地方。上杉の城下町米沢、果樹園の多い高畠、温泉で有名な赤湯の順に停車していく。

山形鉄道の野村浩志社長と運転士さん。列車は「スウィングガールズ号」

最上川鉄橋を渡る山形鉄道フラワー長井線のYR880形

残雪の朝日連峰をバックに「もっちぃ号」快走

「次は赤湯です。山形鉄道フラワー長井線はお乗り換えです」とアナウンスが流れる。山形鉄道といえば、20年連続赤字を打破すべく、大手旅行会社支店長の要職を投げ打って山形鉄道にやってきた公募社長の野村浩志さんが日々奮闘している鉄道だ。

赤字ローカル線は乗ることが何よりの応援である。私は赤湯駅で「つばさ」を降りて山形鉄道に乗り換えた。若い運転士さんに、山形鉄道の撮影ポイントを伺う。すると「四季の郷の最上川鉄橋がいんでないかい」と教えてくれた。鉄道橋では日本一古い鉄橋だそうだ。

のどかな田園地帯を走ること50分、ディーゼルカーは四季の郷駅に停車した。下車したのは私一人。発車して行くディーゼルカーを見送り最上川鉄橋に向かって畦道を行く。最古の鉄橋というから朽ち果てているのかと思いきや、威風堂々たる貫禄だ。鉄橋は英国製で１８８７（明治20）年に製造。ということは御年１２５歳！

杜の都の地下鉄で森林浴

仙台市営地下鉄◉旭《あさひ》ヶ丘《おか》駅（宮城県）

7月20日から9月10日まで、ＪＲ全線乗り放題「青春18きっぷ」の有効期間だ。実は事前に買ってあったのだが、うっかり忘れて出発し窓口でもう１枚購入したので、トータル10日間有効となってしまった。そんなわけで、ただ今、せっせと旅行中である。ただし利用できるのは各駅停車と快速まで。特急、急行、新幹線は、たとえ特急券を買っても乗車できない決まりである。

では、本日は北へ行こう。目指すは杜の都仙台である。１９８７（昭和62）年に全国で10番目に開業した仙台市営地下鉄にはまだ乗ったことがなかったのだ。かくして、上野駅を早朝５時10分発の各駅停車宇都宮行きでスタートしたのだが、仙台には意外と早く12時16分着。ランチタイムに間に合った。とはいえ、宇都宮、郡山、福島駅など乗り換えの度に駅弁を買ったり、駅そばをすすったので、仙台到着前にランチはとうに終えていた。それでもなお、仙台駅の売店で、牛タン弁当やずんだ餅に吸い寄せられるのだから、困ったものである。

それらは帰りのお楽しみと自分に言い聞かせ、地下鉄への階段を降りる。まず窓口で１日乗車券を購入。続いて路線図を眺め、どちらに行こうか思案する。仙台市では目下、地下鉄東西線の工事中だが、現時点での営業路線は南北線のみ。終点は南が富沢駅、北が泉中央駅。「泉」とい

緑なす真美沢公園を行く仙台市営地下鉄。黒松〜八乙女間

う字に誘われて、北に行くことにした。

車両は杜の都をイメージし、白いボディにエメラルドグリーンとライトグリーンのラインを2本配している。正面中央の「SS」のイニシャルは、「仙台市サブウェイ」のシンボルマークである。

仙台駅を発車し地下を行く。地下鉄なのだから、地下は当たり前だが、駅名だけで地上の様子を想像するのも楽しい。最初は広瀬通駅。広瀬川のせせらぎが瞼に浮かぶ。次は勾当台公園《こうとうだいこうえん》駅。こちらは漢字が難しくどんな公園か想像できず。勾当台公園駅から4つ目の旭ヶ丘駅は地下駅なのだが、なんと、地下ホームにくりぬかれた窓から、目にも鮮やかな緑が飛び込んできた。台原《だいのはら》森林公園の緑地である。地下鉄の車内から目の森林浴が楽しめるなんて、さすが杜の都。

＊仙台市営地下鉄東西線は2015年12月6日に開業した。

津波の傷跡——仙台空港鉄道◉仙台空港《せんだいくうこう》駅（宮城県）

杜の都仙台で学生時代の同窓会が開催された。全員が還暦を迎えたわけだが、会った瞬間40年ほどタイムスリップし、二十歳代の笑顔に戻った。ちなみに今回の同窓会は、東日本大震災で多大な被害を受けた同窓生への激励の意味をこめて仙台にて開催された。彼の、「あの時は本当に怖かった。ぞっとした。死ぬかと思った。けれど生きていて本当によかった」という言葉には、当事者しかわからない恐怖と助かった喜びとが感じられた。

大いに飲み食い語り合った翌朝、私は仙台空港へと向かった。今回は、東京〜仙台〜福岡〜東京という2泊3日の旅で、前述したように仙台は同窓会出席だが、福岡は仕事だった。

何より鉄道旅行好きの私は、沖縄を除く国内は極力鉄道を利用するが、仙台から福岡は航空機利用である。もちろん、朝6時36分発の「はやぶさ2号」で仙台を発てば、13時14分には博多に到着できることも知っている。けれども今日は飛行機なのだ。なぜなら9000円という格安航空券が入手できたから。これに乗らない手はない。

かくして仙台駅より仙台空港アクセス鉄道直通電車に乗車。空港ま

仙台空港における津波の高さは3.02メートル！

仙台空港駅に到着した仙台空港アクセス鉄道SAT721系電車

で快速で17分、各停でも24分。近くていいと思うが福岡空港から博多駅まではわずか6分。一方、東京駅から成田空港は1時間、羽田空港でさえ30分もかかるのだから。

仙台駅を発車した仙台空港行きは、長町、太子堂、南仙台と各駅に停車し15分で名取駅に到着。ここまでがJR東北本線、この先が仙台空港アクセス鉄道である。

名取駅を発車すると、いきなり高架線に駆け上がった。最初は、杜せきのした駅。大きなショッピングセンターに「がんばろう宮城!」の横断幕が揺れる。次は美《み》田園《たぞの》駅。かつては美しい田園だったが、震災の影響で美田は消失したままだ。

滑走路をくぐるトンネルを抜けると、そこが終着の仙台空港駅だった。空港ターミナルビルに入った途端、高さ3・02メートルの標柱が飛び込んで来た。津波の高さである。犠牲者は名取市だけで884名以上。黙祷を捧げつつ仙台空港を離陸した。

ネコの歓迎——阿武隈急行◉あぶくま駅（宮城県）

東北新幹線で仙台に向かう。試運転であろうか、途中駅で目にも鮮やかな紅色の新幹線と出会う。間もなくデビューする秋田新幹線「スーパーこまち」だ。これまでの「こまち」も大好きだったが、スーパーになって美しさに磨きがかかったようだ。早く乗りたいものである。

仙台からは東北本線福島行き、上り快速に乗り換えて南下する。はて？　この場合は南下ではなく「南上」が正解では？

冗談はさておき、最初の停車駅、名取を過ぎると車内放送が流れた。

「次は岩沼です。常磐線亘理《わたり》行きはお乗り換えです」

亘理という駅名に心が痛む。先の震災以来、常磐線は亘理～相馬、原ノ町～広野間が未だ不通のままなのだ。常磐線はいつになったら復旧するのだろう。

岩沼駅の先で左に分岐する、何とも寂しげな常磐線を目で追っていると、再びアナウンスが流れた。

「次は槻木《つきのき》です。阿武隈急行ご利用の方はお乗り換えです」

宮城県最南の鉄道駅あぶくま駅

ネコに見送られ、あぶくま駅を発車する8100系電車

私は槻木駅で下車し、阿武隈急行の福島行きに乗り換える。ルビがないと簡単には読めない槻木駅だが、駅名の解説には、「昔、この近くに二本の槻《つきのき》の大木があったことに由来する」とある。また「槻」とは、ケヤキの古称だそうだ。

さて、阿武隈急行（槻木〜丸森〜福島）の前身、国鉄丸森線は、そもそも東北本線のバイパスとして１９６４（昭和39）年に着工した。東北本線より丸森線の方が平坦で輸送効率に優れていたからである。そして全通の暁には丸森線が東北本線になる予定だった。ところが全通前に東北本線は電化完成。丸森線はお役ご免に。けれども地元の足「阿武急《あぶきゅう》」として88年に全線開業したのである。

槻木からしばらくの間は文字通り平坦な田園地帯だったが、丸森駅を過ぎると大きな流れが

上：我がカメラバッグ上でしばしまどろむ
左：ただ今、プラットホームを巡回中

寄り添ってきた。阿武隈川である。車窓は山勝ちとなり、流れは渓谷をなす。秋は紅葉の名所、阿武隈渓谷だが、冬もまた雪景色が素晴らしい。さあここが潮時とばかり途中下車したのは、あぶくま駅だった。駅は無人で隣接する丸森町産業伝承館も3月半ばまで休館。自販機すらなかったが、3匹のネコが歓迎してくれた。

＊常磐線は2016年3月現在、竜田〜原ノ町間、相馬〜浜吉田間が不通。

温泉付きフリー切符
——福島交通◉飯坂温泉《いいざかおんせん》駅（福島県）

桜前線北上中のこのシーズン、東北へ向かう気分は格別である。東京では盛りを過ぎて葉桜となってしまったソメイヨシノに、再び会えるからだ。今はどこが満開だろう？　胸をわくわくさせながら東北新幹線「やまびこ」に乗車する。「はやぶさ」や「はやて」の場合、大宮を出ると仙台までノンストップなので、今日ばかりは停車駅の多い「やまびこ」がお勧めだ。

那須塩原を過ぎてほどなく関東から東北地方に入る。新白河、郡山と停車し、長いトンネルを抜けた瞬間、車窓が桃色に包まれた。福島盆地の桃源郷であろうか。と同時にアナウンスが流れる。「間もなく福島です。山形新幹線はお乗り換えです……」。放送が終わる前に、私はもう腰をあげていた。

福島では市内を一望する信夫山《しのぶやま》（標高275メートル）に登り、その数2000本といわれるソメイヨシノを満喫する。ところが、日頃の運動不足がたたり、いささか足腰が重い。そこで午後は飯坂温泉まで足を伸ばすことにした。

ならば、「いい電」の名で親しまれている福島交通飯坂線の電車がある。再び福島駅に戻った私は、福島交通の窓口で、「1日フリー切符ください」と言った。目的地では自由に乗降可能な

終点飯坂温泉駅の一つ手前の花水坂駅に到着した「花ももの湯号」

フリー切符を求めるのは私の常なのだ。ところが、窓口の女性は予想だにしていなかったことを言った。

「800円の1日フリーきっぷと、1000円の湯ったり切符と、1500円の花ももフリーきっぷのどれにする?」。3つもあるとは思わなかった。そこで、「飯坂温泉に入りたいのですが」と言えば、「どんでも温泉には入れますが、料金によって入れる温泉が違うんです」

結局、貧乏性の私は、一番安い800円のフリー切符を求め、9・2キロ先の飯坂温泉駅で下車し日本最古の木造建築公衆浴場として知られた「鯖《さば》湖《こ》湯《ゆ》」に浸かったのだが、その電車を見て大いに後悔した。

なぜなら1500円の「花ももフリーきっぷ」の広告電車だったからだ。その車内には、入館料だけで1380円という「飯坂ホテル聚楽」の「花ももの湯」3種の源泉湯めぐりなど多彩な温泉が楽しめる超お得な切符であることが記されていた。ああ、後悔先に立たず。

豪壮茅葺き駅舎——会津鉄道◉湯《ゆ》野《の》上《かみ》温《おん》泉《せん》駅（福島県）

東京から東北地方に向かう際、ＪＲを頼らず鉄道旅行が可能なエリアが福島県の会津地方である。東武鉄道、野岩《やがん》鉄道、会津鉄道の３私鉄を経由することで会津まで行くことができ、しかも会津田島駅までは都心から直通列車も運行されている。

ということで今回の旅は東武鉄道のターミナル、浅草駅からスタートした。乗車したのは、浅草駅を午前7時10分に発車する快速「東武日光・会津田島」行き。車内に入った途端、青春時代に戻ったかのようなときめきを覚える。なぜなら座席が昔の国鉄の急行列車のような４人掛けボックスシートだったからだ。

発車すると間髪を入れずに隅田川を渡る。右手にアサヒビールの金の炎、左前方には東京スカイツリー、両方を同時に見るのは忙しい。ところで、東武鉄道の車窓を詳述しているといつまでたっても会津にたどり着けないので、関東平野を一気に北上し9時04分下今市着。ここで東武日光行き2両と別れ、４両編成で東武鬼怒川線へ。終点の新藤原駅ではさらに後部2両が切り離され、先頭2両だけが野岩鉄道、会津鉄道へと直通する。これまで手を携えてきた者同士が、切り離され、それぞれ別の道へと進んで行く。まるで人生のようだ。

それはともかく、快速の終点、会津田島駅では会津鉄道名物の「お座トロ展望列車」に乗り換える。妙ちくりんな列車名だが、お座敷列車、トロッコ列車、展望列車の3両編成でその頭文字というわけだ。私が乗ったのはトロッコ列車。実りの秋を迎えた会津の里を流れる風が頬に心地よい。

豪壮な茅葺き駅舎を有する湯野上温泉駅

湯野上温泉駅の足湯。泉質は弱アルカリ性低張性高温泉

さて、どこで途中下車しようか。大いにその気にさせられたのは、駅名のユニークさから「塔のへつり駅」だった。だが、ホームのみの無人駅なので見送り、次の湯野上温泉駅で下車する。何より豪壮な茅葺き駅舎に惹かれたからである。駅長に話を伺えば、日本唯一の茅葺き駅舎とのこと。しかも、10月9日に駅の足湯がオープンした。

湯野上温泉駅に停車する会津鉄道の「お座トロ展望列車」

足湯の温泉分析表によれば、泉質は弱アルカリ性低張性高温泉。効能は神経痛、筋肉痛、関節痛、五十肩……痔疾。これはいい。けれども足湯で痔が治るのだろうか？

国鉄〜JR時代は湯野上駅だったが会津鉄道発足時に改称

◀桜咲く「わたらせ渓谷鐵道」神戸駅

北関東

会津若松
郡山
長岡
福島
新潟
東武日光［東武鉄道］
会津高原尾瀬口
いわき
湯西川温泉
［野岩鉄道］
神戸
［わたらせ渓谷鐵道］
栃木
新藤原
真岡
［真岡鐵道］
群馬
東武宇都宮
那珂湊
［ひたちなか海浜鉄道］
間藤
膳［上毛電気鉄道］
茂木
中央前橋
茨城
勝田
阿字ヶ浦
西桐生
葛生
軽井沢
前橋
水戸
高崎
下館
下仁田
三妻［関東鉄道］
羽生
熊谷
上州富岡［上信電鉄］
東武動物公園
鹿島サッカースタジアム（臨）
埼玉
三峰口
取手
大宮
内宿［埼玉新都市交通］
山梨
東京
銚子
甲府
東京
千葉
神奈川
横浜
千葉
静岡
熱海
岡
❶大洋［鹿島臨海鉄道］
❷つくば［つくばエクスプレス］
❸行田市［秩父鉄道］
❹浦和美園［埼玉高速鉄道］

フラガールの列車——ひたちなか海浜鉄道◉那珂湊《なかみなと》駅（茨城県）

上野駅から乗った常磐線の特急「スーパーひたち」は、今年3月登場の最新鋭E657系だった。切れ長の目（ヘッドライト）が歌舞伎役者を連想させ、なかなか格好いい。けれども昨年の震災以来、常磐線に乗る機会がずいぶん減ったと思う。なぜなら広野〜原ノ町と相馬〜亘理が、今なお不通となっているからだ。

かつての常磐線は東北本線以上に本線だった。1958（昭和33）年に東京以北初の特急としてデビューした「はつかり」は常磐線経由で上野と青森を結んだ。山間の東北本線より平坦な常磐線の方が速かったからだが、「はつかり」の常磐線経由は東北本線が電化される68年まで続いた。その後、メーンは東北本線そして東北新幹線に移行したが、それでも、震災前の常磐線には上野〜仙台直通特急があってよく利用したもの。新型「スーパーひたち」も登場したことだし、一日も早い常磐線全線復旧を願うばかりである。

さてこの日は、水戸の次の勝田駅で下車し、「ひたちなか海浜鉄道」に乗り換えた。というよりも、私にとっては以前の「茨城交通」の方が馴染みがあり、つい「いばこう」と昔の名前で呼んでしまうが、2008（平成20）年4月1日より第3セクター鉄道に移管したのである。

那珂湊駅に停車中のディーゼルカー　キハ205

旧型ディーゼルカー特有の機械油の匂いも懐かしいキハ205の車内

三木鉄道から譲渡されたミキ300形ディーゼルカー

待つほどもなく1番線に到着したのは、折り返し阿字ヶ浦行きとなるディーゼルカーだった。名前はキハ２０５。車内に生い立ちが書いてある。

「１９６５年帝国車輌製。96年に水島臨海鉄道より購入。床はリノリウム。冷房付き」ということは、岡山県から茨城県にお輿入れしたわけだ。エンジン音も高らかに発車すれば、日立の工場前のその名も「日工前」、いかにも縁起の良さそうな「金《かね》上《あげ》」、田園地帯にぽつんとたたずむ「中根」と停車し、その次が那珂湊駅だった。

１９１３（大正2）年開業、築１００年の木造駅舎に誘われて途中下車してみれば、常磐炭鉱が舞台の映画「フラガール」にも登場し湯本南駅として撮影されたそうだ。映画のハイライトシーンで、松雪泰子演じる平山まどか先生が、ここ那珂湊駅から乗った列車が、なんとつい先ほどまで私が乗っていた「キハ２０５」であった。

＊常磐線は２０１６年3月現在、竜田～原ノ町間、相馬～浜吉田間が不通。２０１４年10月、中根～那珂湊間に「高田の鉄橋」駅が開業した。

芭蕉翁月見の地——鹿島臨海鉄道◉大《たい》洋《よう》駅（茨城県）

復興なった北茨城市の五浦《いずら》六角堂を訪問後、常磐線の各駅停車に乗って水戸まで来ると、8番線に停車中の赤い列車が目にとまった。JRの車両ではない。鹿島臨海鉄道のディーゼルカーだ。

2年前にアントラーズ、アビスパ戦の折、鹿島神宮から鹿島サッカースタジアム駅まで1駅だけ乗ったが、水戸からは久しく乗っていない。無性に乗りたくなって8番線ホームへダッシュする。階段の途中でベルが鳴りはじめたが、滑り込みセーフ。

「ラッキー！」と、思わずガッツポーズをしたら、車内の若者たちの失笑を買う結果に。恥ずかしくなり隣の車両に移動した。

およそ15分で大洗駅に停車する。市街地の先に青い海が見える。太平洋だ。以前乗った時は、かなり真剣に車窓を眺めていたのだが、海が見えるのは大洗付近のみ。それも遠望だったと記憶する。臨海鉄道なのだから、もう少し見せてくれてもいいと思うのだが、大洗を過ぎるとより内陸へと入ってしまう。ただし、そもそも臨海鉄道とは、臨海工業地帯の貨物輸送のために敷設された鉄道のこと。したがって海が見える見えないは関係なく、景色も二の次なのだ。

しかしながら新鉾田駅を発車し、北浦湖畔駅までの間、進行方向右手眼下に広がる水田と北浦

ホームが広い大洋駅を発車する鹿島臨海鉄道6000形ディーゼルカー

の情景は素晴らしい。鹿島臨海鉄道の車窓で一番気に入っている景観だ。

水戸を発車しておよそ50分、北浦が見えたところで腰を上げ途中下車した。大洋駅である。太平洋を想起させる堂々たる駅名だが、その名はかつて存在した大洋村に由来する。２００５（平成17）年に鉾田市との合併で村名は消滅したが、駅名のみ残ったというわけだ。実は、この駅には数年前に降りたことがある。その時は、芭蕉翁ゆかりの大儀寺を訪ねたが、再訪したくなったのだ。

大洋駅は以前とほとんど変わっていなかった。タクシーを期待し下車したが、やはりいなかった。大儀寺まではおよそ3・5キロ、田舎道をひたすら歩く。いい加減休みたくなったころ、ようやく山門に到着。竹林の小径を抜けると、得も言われぬ柔和な表情の座像が現れた。芭蕉翁が慕い、この地で並んで月を愛でた大儀寺の仏頂禅師である。

豊穣の関東平野——関東鉄道◉三妻《みつま》駅（茨城県）

千葉県の流鉄流山駅を訪ねた後、再び常磐線に乗って取手まで足を伸ばした。利根川に架かる長い鉄橋を渡れば、そこはもう茨城県である。取手駅のホームに降り立つ。飛び込んで来たのは2両編成のディーゼルカーだった。首都圏では数少ない非電化私鉄の一つ関東鉄道の常総線だ。気がつけば反射的に切符を買い飛び乗っていた。

そもそも私は長野県の山奥生まれで、幼い頃の鉄道原体験は「汽車とディーゼル」だった。それゆえ蒸気機関車やディーゼルカーに出会うと無性に乗りたくなるのだ。

やがて発車時刻となり出発進行！　電車だと「ツー……」とスムーズに発車するが、ディーゼルの場合はちょっと違う。それまではアイドリング状態だったエンジン音が一気に高まり、肩を揺らしながら発進するのだ。ディーゼルパワーが伝わって来る瞬間である。

ところで関東鉄道でも、取手～水海道《みつかいどう》間は列車密度の高い複線の通勤路線である。電化も当然だが、簡単には電化できない

秋晴れの関東平野を行く関東鉄道常総線のディーゼルカー。背後に筑波山

理由がある。石岡市に気象庁地磁気観測所があり直流電化は悪影響を与えるという。そのため常磐線は取手～藤代間以北、つくばエクスプレスも守谷以北は直流より高額な交流電化を採用している。大手ならともかく、地方私鉄にとって交流電化は無理な注文といえよう。

取手から乗った列車は、水海道行きで「常総線100周年」のヘッドマークが掲げられていた。1913（大正2）年に常総鉄道が開業し11月1日で100年である。100年間非電化の私鉄もまた珍しい。

三妻駅に停車する常総線の主力キハ2100形ディーゼルカー

つくばエクスプレスとの交差駅、守谷を過ぎて、水海道駅に到着する。この先は単線であり、待っていた下館行きはわずか１両の列車だった。

水海道駅を発車すると秋色の田園が広がった。ことに中妻駅を過ぎてからの景観が素晴らしい。３６０度が頭を垂れる黄金色の稲田で、地平線の先には筑波山も姿を見せている。まさに豊穣の関東平野である。この情景が撮りたくなり途中下車したのは次の三妻駅だった。中妻に三妻とは何とも意味深な駅名だ。気になり調べてみれば１８８９(明治22)年、三坂村と中妻村が合併し三妻村誕生とは!?

筑波山への最速ルート——つくばエクスプレス◉つくば駅（茨城県）

友あり、スイスより来たる。名前はトーマス。宿泊先には東京ベイエリアの最新ホテルを勧めたのだが、浅草の老舗旅館がいいと言う。近代的なホテルよりも、浅草や旅館など日本の文化に興味津々なのだ。旅館もまた楽しからずや。

浅草は3連泊とのことで、翌日は吾妻橋から水上バスに乗って隅田川を下り、お台場などを観光案内するつもりだった。けれども、船よりも鉄道、ウォーターフロントよりも山に行きたいと言う。スイス人の彼は山歩きが大好きなのだ。

東京の山といえば高尾山が浮かんだ。ミシュランの三つ星にも輝いているので外国人には最適だ。ところがトーマスは、「タカオサン、前に行きました。ツクバサン行きたいです」。そして、「ツクバ・エクスプレス速いね」と言った。彼は、「つくばエクスプレス（以下、TX）」の駅が、浅草にあることまで調べあげ、浅草に宿泊したのであった。

かくして、国際通り地下のTX浅草駅より「TX」こと首都圏新都市鉄道に乗車する。快速つくば行きだ。日曜の朝とあって車内は空いていて、4人向かい合わせのボックス席に並んで朝食のおにぎりを食べる。肘掛けに蝶つがいが付いているので、もしやと肘掛けを開けてみれば、

筑波山を背後に望みながら快走するTX（つくばエクスプレス）

中から折り畳み式のテーブルが出てきた。首都圏の通勤電車で、テーブル付きの座席は希少価値。そこにおにぎりとお茶をセットすればもう遠足気分である。

浅草駅を発車して以来、隅田川や荒川を渡河する際に一瞬だけ地上に出るものの、ほとんど地下区間を走行し、本格的に地上に顔を出したのは八潮《やしお》駅の手前、東京都から埼玉県に入った頃だった。トーマスが立ち上がり「速いね！」と言う。運転席の速度計は時速１２５キロ。関東地方の在来線ではトップクラスの俊足ランナーだ。

江戸川を渡河し千葉県に入り、さらに茨城県との県境をなす利根川の手前で、ついに、２つのピークをもつシンボリックな山が現れた。筑波山である。トーマスに、左のピークが男体

TXの車窓より筑波山を望む。中央が女体山（877m）、左が男体山（871m）

山で標高８７１メートル、右は女体山で８７７メートルと説明する。すると、「男の方が小さい？　おかしいね！」と笑った。

岡本太郎「未来を視る」。つくば博記念モニュメントだったがTX開業を機に万博記念公園駅前に移設

昔もうか、今もおか

真岡鐵道◉真岡《もおか》駅（栃木県）

　JR東日本「休日おでかけパス」を購入し、券面のフリーエリアをしげしげと眺める。東は成東、西は大月、南は久里浜、北は自治医大までといったところ。貧乏性の私としては一番遠い駅まで行かねば損した気分に陥るのだが、この4駅中では東北本線の自治医大駅が一番遠い。けれども、用もないのに自治医大に行くのは考えものだ。さてどうしよう？　フリーエリアを再度眺めれば自治医大駅の横、下館駅に目がとまった。下館といえば真岡鐵道の起点である。そして真岡鐵道といえば週末を中心にSL（蒸気機関車）が運転される。目的地はおのずと決まった。

　かくして秋の関東平野を北上し小山駅で水戸線に乗り換えて9時55分、下館駅に降り立つ。ほぼ、同時刻に「SLもおか号」が回送列車となって到着する。本日のSLはC12形タンク機関車である。真岡鐵道の前身、国鉄真岡線の時代に活躍したローカル線用の機関車だ。

　やがて10時36分となり、長く尾を引く勇壮な汽笛一声、下館駅を発車した。電車とは明らかに違うゆっくりとした加速、「シュッシュポッポ」というドラフト（排気音）に合わせた前後動、車窓の隙間から流れ込む煙と石炭の燃える匂い。ああ、何もかも懐かしい汽車旅がここにある。

　稲刈りの終わった田園地帯を走ることおよそ30分で真岡駅に停車する。真岡鐵道の中心駅で、

下館駅に並んだC12形蒸気機関車とモオカ14形ディーゼルカー

SLをイメージした巨大な駅舎がシンボリックだ。

ところで、真岡駅の読み方だが、国鉄時代から「もうか」だと思い込んでいたら、「もおか」に変わっていて驚いた。JRから第3セクターに移行した1988（昭和63）年に市名に合わせて改称したという。道理で、パソコンに「もう

SLをイメージした真岡駅。館内には真岡鐵道の本社も同居する

土木遺産の五行川鉄橋を渡る真岡鐵道「SLもおか号」

「SLもおか号」のサボ。3等車の赤帯も懐かしい

か」と入力しても変換しないわけである。

真岡駅からはレンタサイクルを駆って、五行《ごぎょう》川と小貝《こかい》川に架かる鉄橋を目指した。ちょうど1年前の鉄道の日に、2つの鉄橋が土木遺産に認定されたと聞いたからだ。鉄橋は英国製で1894（明治27）年完成（1本は推定）、東海道線などで使用された後、真岡線に転用された。118年前の優美なトラス橋には、蒸気機関車がよく似合う。

平家ゆかりのトンネル駅

——野岩鉄道◉湯《ゆ》西《にし》川《がわ》温《おん》泉《せん》駅（栃木県）

温泉が恋しいこの季節、浅草駅から乗ったのは東武・野岩・会津鉄道直通の快速会津田島行きだった。車両は4人掛けボックス席が並ぶ6050系。いわゆる一昔前の急行列車の仕様である。空いているのをいいことに、前席に足を投げ出して浅草駅で買った駅弁の包みを開く。車窓には、春のうららの隅田川と東京スカイツリー。4人掛けボックス席ならではの鉄道旅スタイルだ。駅弁を平らげると、ほどよい車内暖房に思わずまどろむ。至福の時間である。30分後、鉄橋を渡る音に目覚めるとそこは利根川、車窓を粉雪が乱舞していた。やがて下今市駅に停車する。車内放送が、「当駅にて東武日光行きと会津田島行きに別れます。お乗り間違えのないようご注意ください」と繰り返す。大丈夫、私の車両は会津田島行きだ。

下今市からは東武鬼怒川線に入る。文字通り、車窓には鬼怒川が寄り添い、男体山を主峰とする日光連山も近づいてきた。鬼怒川温泉、続いて鬼怒川公園の駅名に、途中下車の虫が頭をもたげるが、今日はもう少し先の、ひなびた温泉を目指そうと思いとどまる。

新藤原駅で乗務員が交代する。これより先が野岩鉄道だ。会津と東京を結ぶために1986（昭和61）年に開業した第3セクター鉄道だが、新しい鉄道だけに新幹線のようにトンネルが多い

区間快速の浅草行き。車両は東武鉄道6050系

のは残念である。その代わり、トンネルとトンネルの間の高架橋からの眺めが素晴らしい。

龍王峡駅を過ぎると、川治温泉駅、川治湯元駅と続く。眼下には川治温泉の湯けむりが立ちのぼる。よし、ここで降りようと立ち上がった瞬間、ドアが閉まり、トンネルに吸い込まれてしまった。まさに降り遅れたわけだ。仕方がないので次の駅から戻ろうと思った。

果たして次の駅は湯西川温泉駅だった。珍しいことにトンネルの中の駅である。ホームに降りると、かがり火がきらめき、武者行列のイラストがトンネルの壁面に描かれ、オルゴールが鳴っている。トンネルは景色が見えない分、つまらないものだが、こんなに楽しいトンネル駅は初めてだ。

ここで降りたのも何かの縁と、湯西川温泉ま

湯西川温泉駅。駅舎は地上にあるもののホームは地下トンネル内

駅直結の湯西川観光センターでは温泉入浴も楽しめる

で足を伸ばしてみれば、そこは平家の落人伝説に彩られた秘湯であった。

停電の理由——東武鉄道◉東武日光《とうぶにっこう》駅（栃木県）

新緑の季節到来！　そこで日光に行くことにした。日光といえば東武鉄道である。ターミナルは浅草駅だが、２００６（平成18）年からＪＲ新宿駅発、東武日光・鬼怒川温泉行きの直通特急が運転されるようになった。我が家は東京の西郊多摩にあり浅草はちと遠い。そこで新宿駅7時30分発の特急「日光1号」に乗車した。

ただし、車両は初代の「成田エクスプレス」である。新型車両の導入によって余剰車を転用したというわけだが、日光の紅葉をイメージしたという外観が新緑の季節には厚化粧に感じるのは私だけではあるまい。また、中古が悪いとはいわないが、そもそも機能一点張りの空港アクセス特急を日光行き観光特急に仕立てることに無理があるのではなかろうか？

とはいうものの、ラッシュアワーで超満員の中央線、山手線、埼京線の乗客たちの羨望の視線を浴びながら、空席の多い特急「日光1号」の車内で寛ぐ気分は悪くない。

新宿を発車すると池袋、浦和、大宮に停車し、その次は東武鉄道の栃木駅だが、手前の栗橋駅で乗務員交代のため停車した。その際、「電気の切換のため一時停電します」とアナウンスが流れ、停電の瞬間、外国人のグループが何事かと立ち上がったが、すぐに復帰したので安堵した様

三角屋根が印象的な東武日光駅。JR日光駅とは約250m離れている

東武日光駅に到着したJR特急「日光1号」。右は東武特急「スペーシア」

東京スカイツリーをあしらったスペーシアのロゴ

子だった。

はて、ＪＲ東北本線も東武鉄道も電気は直流１５００ボルトで同じはず。何のための切換だろうと疑問に思い、発車後、東武の乗務員に尋ねてみれば、

「ＪＲさんとウチ（東武）の境界線は絶縁されていて電気が流れていないのです。デッドセクション（死電区間）といいます」

架線がつながっていれば、自社の電気が相手に流れてしまう対策なのだ。

栗橋駅から東武鉄道に乗り入れた「日光1号」は利根川を渡り、関東平野を北上し、9時29分、新緑も眩しい東武日光駅に到着した。隣のホームでは浅草行きの東武特急「スペーシア」が出発を待っていた。発車まで少々時間があるので車内を見学する。

先頭車両はグリーン車個室、3両目にビュッフェ完備、普通車も掛け心地の良い大きなリクライニングシートである。帰りは特急「スペーシア」に決めた！

新型トロッコ列車の生みの親――わたらせ渓谷鐵道●神戸《ごうど》駅（群馬県）

３月は別れの月である。今年（２０１２年）の３月末、私鉄では十和田観光電鉄と長野電鉄屋代線が廃止された。鉄道の場合廃止されたら最後、復活はまずないので永遠の別れとなる。それだけに少なからずセンチメンタルな気分に陥った。

ところが４月に入って吉報が飛び込んできた。「わ鐵」こと、わたらせ渓谷鐵道に新型トロッコ列車が誕生のニュースだ。私は「さよなら運転」などは辛いので行きたくないのだが、新線開業や新車登場には万難を排して参上したいと願っている。４月１日の初日は所用があって逃したものの、大間々《おおまま》の桜満開の４月15日に乗車が叶った。

始発駅はかつて絹織物で栄えた桐生。高架ホームに上がるとピッカピカの新型トロッコ列車、その名も「トロッコわっしー号」が軽快なエンジン音を奏でながら発車を待っていた。わ鐵といえばこれまで、ディーゼル機関車牽引の「トロッコわたらせ渓谷号」が季節運行されてきたが、シーズン中は大変な人気で乗れないことも多かった。そこで「トロッコわっしー号」が新たに導入されたのだが、これによりトロッコ列車は１日１往復から、一挙に３往復に増便されたのである。

神戸駅に到着するトロッコ列車
「花桃号」。わ鐵の人気者である

新型トロッコわっしー号

「やまと豚弁当」を手にする樺澤豊わ鐵社長

車内に入ると木のテーブルに木の座席という天然木の温もりあるインテリアが飛び込んできた。そして発車！　大きく開け放たれた窓の外は満開の桜。春の薫風が頬をなでる。これぞトロッコ列車の醍醐味である。

その車内には柔和な表情の紳士が乗車していた。樺澤豊社長である。県の観光局からわ鐵に転じ３年目の社長だが、就任当時のわ鐵には、このままでは廃止という風評がまことしやかに流れていた。

新社長の奮闘は始まった。まずは特産のやまと豚による駅弁「やまと豚弁当」を作り上げ、京王駅弁大会へ。その中にわ鐵のパンフを入れたことによって乗客数12％増。駅弁も名物となり年間２万４０００個販売。わ鐵グッズも25から現在１６０種。そしてこの４月１日、念願の新型トロッコ列車「トロッコわっしー号」デビュー。今では、わ鐵廃止の噂など皆無とか。さあ神戸駅で途中下車しよう。わ鐵名物「やまと豚弁当」が待っている。

赤城山を望む城跡——上毛電気鉄道◉膳《ぜん》駅（群馬県）

日光からの帰り道、上毛電鉄に寄ることにした。時刻表の地図を眺めるうちに上毛電鉄には久しく乗っていないことに気づいたからだ。この前乗ったのは、高校生の頃だから実に40年ぶりである。

東武日光発の特急「スペーシア」を栃木駅で降り、ＪＲ両毛線に乗り換え桐生駅で下車する。駅前通りを５分ほど歩くと、あたかも昭和に戻ったかのようなレトロな建物が現れた。それが上毛電鉄の西桐生駅だった。40年前にも来たはずだが、悲しいかな記憶がまったく甦らない。もっとも高校生の頃の一大関心事といえば、レトロな駅舎ではなく、別にあったはず。

駅名の由来は武田勝頼ゆかり

「赤城南麓１日フリー切符」を購入し、２両編成の電車に乗車する。見覚えのあるカラフルな車体はかつての京王井の頭線３０００系だ。京王電鉄では２０１１（平成23）年12月を最後に全車引退したが、こうして地方私鉄で会えるのは嬉しい。

西桐生駅を発車後、さてどこで途中下車しようかなとドア上の沿線地

膳駅を発車する上毛電鉄700形「水族館電車」

図を見上げる。西桐生〜中央前橋間には23駅あるが、その中でも最初に飛び込んで来たのが「心臓血管センター」駅だった。文字数が多いから目立つわけだが、ちょっと怖そうなのでパスする。

その次に目にとまったのが「膳」駅。こちらは逆に漢字一文字なので目立つのだ。はて、膳の由来は何だろう。西桐生駅でもらった「上電沿線ガイド」を開いてみれば、膳駅近くに膳城跡が記されているではないか。私は膝を叩いた。本日の途中下車駅は膳駅に決定！

かくして西桐生駅からおよそ20分の膳駅で下車したのだが、待合室にもホームにも膳城跡への案内はまるでなし。無人駅なので尋ねることもできず仕方なく、ままよとばかりイラストマップに記された方向に向かって歩きはじめた。

レトロな広告も懐かしい1928年生まれの動態保存電車デハ100型

膳城跡は膳駅下車徒歩およそ10分の粕川歴史民俗資料館に隣接

10分ほど行くと「粕川歴史民俗資料館」が現れた。これは臭い。予想は的中し、こんもりとした丘の上に「膳城跡」が現れた。

解説には、「天正8年（1580年）、武田勝頼による『膳城素肌ぜめ』として著名」とある。そして本丸跡に立てば松の樹間から山が見える。素肌武者、武田勝頼も眺めたであろう赤城山である。

世界遺産で信州延伸!?——上信電鉄◉上州富岡《じょうしゅうとみおか》駅（群馬県）

8月は「青春18きっぷ」の季節である。新幹線や特急は乗れないけれど、各駅停車ならJR全線乗り放題。そこで本日は上野駅から高崎線に乗って終点の高崎駅で下車した。夏休み中とあって、折しもD51が勢いよく蒸気を噴き上げている。「SLみなかみ」だ。蒸気機関車世代の私としては大いに惹かれたが、ここはぐっと堪え、上信電鉄の0番線ホームへ。

フランス積み煉瓦を模した上州富岡駅

窓口にて「富岡製糸場見学往復割引乗車券」（1640円）を購入する。かねてより行きたかった場所があったのだ。6月に世界遺産に登録された「富岡製糸場と絹産業遺産群」である。

高崎駅を発車した上信電鉄の車内は団体客も多く満員の盛況だった。世界遺産登録以降、乗客は倍増どころか4倍に増えたそうだ。地方私鉄はどこも乗客減で経営が厳しいだけに、今どき珍しく景気のいい話である。ところで、上信電鉄の上信とは、上州（群馬県）と信州（長野県）の頭文字である。1897（明治30）年の開業当時は上野《こうずけ》鉄道だったが、終点の下仁田《しもにた》から県境を越え佐久まで延伸しようと、

１９２１（大正10）年に上信電鉄に改称し今日に至っている。

この際、大いに稼いで、宿願通り、信州まで延長してほしい。実は私の故郷は信州の佐久である。子どもの頃には、中込《なかごみ》～下仁田間に上信バスが走っていた。バスに揺られ下仁田に着くと、佐久にはない電車が走っていた。上信電鉄である。当時の小海線はまだ蒸気機関車が走っていた時代だけに、群馬県は近代的だと羨ましく思ったものだ。

「祝！世界遺産登録」のヘッドマークを掲げた上信電鉄500形

思い出に浸っているうちに目的地、上州富岡駅に到着した。しばらく来ない間にモダンな駅舎に変身していた。壁面は富岡製糸場のフランス積み煉瓦を模している。

賑やかな駅前通りを歩くこと10分ほどで、赤煉瓦の富岡製糸場が現れた。明治5年と彫られた館内に入る。そして生糸を紡いだ繰糸場に一歩足を踏み入れた途端、懐かしさでいっぱいになった。すっかり忘れかけていたが、佐久の生家の裏に製糸工場があって、よく遊んだことを思い出したからだ。急に故郷佐久が恋しくなった。できるなら、上信電鉄で佐久へ帰りたい！

忍城の城下町——秩父鉄道◉行田市《ぎょうだし》駅（埼玉県）

映画「のぼうの城」を観た。野村萬斎演じる、でくのぼうの成田長親《ながちか》が、わずか500の兵で石田三成率いる豊臣軍2万と戦う戦国活劇である。観終わった途端、舞台となった忍城《おしじょう》にぜひ行ってみたくなった。

正直に言えば、この映画を観るまで私は、忍城が実在の城か、小説の中の城か、知らなかった。「日本百名城」に忍城の名はないし、名前からして小説の城だと決め込んでいた節もある。

映画「のぼうの城」の舞台となった忍城趾に建つ行田市郷土博物館

ところが映画の最後で、「忍城は埼玉県行田市に土塁や堀などの遺構が残されている」と、流れたのである。

新宿駅から乗ったのは、「湘南新宿ライン」の高崎行きだった。荒川を渡って埼玉県に入っても、車窓からビルと住宅はなかなか途切れることがなかったが、北本付近でようやく雑木林が現れた。新宿からおよそ1時間で武蔵野の面影という

忍城趾にほど近い本丸児童公園に展示されているC57形蒸気機関車

わけだ。武蔵野も遠くなりにけり、である。

熊谷駅ではＪＲ高崎線から秩父鉄道に乗り換える。自動改札もないのでスイカなどは使えない。切符を買って乗る行為が懐かしく感じられる。

ホームに降りると、待っていたのはオレンジバーミリオン色の電車だった。かつて中央線を走っていた１０１系だ。何て懐かしいのだろう。私は若い頃、中央線沿線の出版社に勤めていた。毎日、通勤で乗った電車なのだ。１０１系はＪＲからはとうの昔に廃止されてしまったが、こうしてローカル私鉄で活躍していることは、何よりである。

ドアが閉まって発車すると床下からモーター音が聞こえてきた。大切に手入れされているようで軽やかな音色だ。引退は当分先のことであ

秩父鉄道1000系。かつて国鉄中央線などで活躍した車両

行田のＢ級グルメ、ゼリーフライ

ろう。

およそ8分で目的地の行田市駅に停車する。101系に別れを告げて階段を上がると「行田はB級グルメと城のあるまち」のポスターが飛び込んで来た。

駅から歩くこと15分で忍城趾へ。本当に忍城はあったんだと溜飲が下がるのと同時に、西軍のイメージが強い三成が、423年前にここまで攻めて来て、失敗したのかという感慨に包まれた。

では、腹も減ったのでB級グルメのゼリーフライでも食べに行こうか。

＊秩父鉄道1000系（旧国鉄の101系）は、2014年4月を最後に引退した。

桂全寺の大むく——埼玉新都市交通◉内宿《うちじゅく》駅（埼玉県）

新幹線の車内では、スマホより車窓を眺めていることの多い私である。それゆえ気になって途中下車したくなる場所も少なくない。だが簡単には途中下車できないところも新幹線なのである。

上越新幹線で前から気になっていたのは、大宮駅を発車しておよそ5分後、進行方向左側の車窓に現れるお寺と大きな木であった。新幹線が大宮駅を発車すると、しばらくしてニューシャトル（埼玉新都市交通伊奈線）が寄り添ってくる。東北・上越新幹線が開業した翌1983（昭和58）年に走り出した新交通システムだ。最初の停車駅鉄道博物館までは何度か乗っているが、その先は未乗区間。上越新幹線に乗る度に、ニューシャトルの終点と、そこにある寺を訪ねてみたいと思っていた。

ニューシャトルの終点内宿駅

かくして師走の日曜日、「大掃除手伝って！」という家人の声など聞こえないふりをして埼京線に飛び乗り大宮へ。途中、武蔵浦和付近から望む雪化粧した富士山の美しいこと。もうすっかり旅気分である。

けれど大宮駅の窓口で、ニューシャトルの一日乗車券

大宮駅を発車するニューシャトル。左手は大宮駅西口商店街

を求めようとすると、駅員はすまなそうに「ないんですよ」と言った。その代わり「スイカが一番お得です」と言われて乗車する。乗車券を買うと終点内宿まで３５０円だがスイカなら３４９円。ウーム、安いことは事実だがたった1円とは。

それはさておき、ニューシャトルは発車した。新幹線の高架線に寄り添うように時速60キロで進む。車内は家族連れで満員だったが鉄道博物館駅で大半が下車しガラガラとなった。私にとってこの先が初乗車区間だ。

大宮付近は密集していたが、１駅、２駅と進む間に少しずつ畑が増え、雑木林も現れた。沼南《しょうなん》駅の周辺は、昔は沼だったのだろうか？　丸山駅は東北新幹線と上越新幹線が分岐する高架下にあるので新幹線からはまったく見えない駅だ。さらに丸山駅から先は意外にも単線となった。

大宮から27分で終点内宿駅に到着。新幹線から見えたお寺は桂全寺。大きな木は、ムクノキで高さ約27メートル、太さ4メートル40センチ、推定樹齢約400年の大木で、伊奈町の文化財、天然記念物に指定。思わず大むくに合掌。

桂全寺の大むく。推定樹齢400年とは徳川家康の頃？

桂全寺の本堂。左に大むく、右後方には上越新幹線

ワールドカップ駅——埼玉高速鉄道◉浦和美園《うらわみその》駅（埼玉県）

灯台もと暗しで、40年以上暮らしている首都圏にもまだ終点まで乗ったことのない鉄道がある。埼玉高速鉄道もその一つ。起点の赤羽岩淵から東川口までは乗ったことがあるが、そこから1駅先の終点浦和美園までの2・4キロは未体験だった。

埼玉高速鉄道は、東京メトロの南北線、さらに東急目黒線を経由して東横線の日吉まで直通運転している。それらの駅で「浦和美園」行き電車を見かけると、「行かなければ」と、常々思っていた。浦和はともかく、美園という桃源郷を思わせるかのような美しい名に惹かれていたのである。

港区の白金にて打ち合わせが終わったのは14時頃だった。南北線の白金高輪駅のホームで電車を待っていると、やって来たのは「浦和美園」行き。しかも空いている。迷うことなくミニトリップの行き先は決まった。

外の見えない地下鉄だけに、美しき園をあれこれ想像するのは楽しい。麻布十番、溜池山王、四ツ谷、市ケ谷と都心を貫き、後楽園から先は駒込、王子、志茂と北へ向かい北区の赤羽岩淵駅に到着する。ここまでは東京メトロの南北線、この先が埼玉高速鉄道だ。

浦和美園駅に発着するSR埼玉高速鉄道。左手後方には埼玉スタジアム

最初の停車駅は川口元郷駅。赤羽と川口の間には荒川が流れているはずだが、地下鉄の延長で未だ地下区間。荒川は目に見えず実感が伴わない。だが、そのまま地下走行は続き東川口まで来てしまった。はて？　終点の浦和美園駅も地下駅なのだろうか。ということは、駅からは美園は見えず？

心配していると電車は突然地上に躍り出て、ものの１００メートルも走らないうちに浦和美園駅に到着した。ホームに降りた途端に目に飛び込んできたのは、「浦和レッズ」の真紅のフラッグだった。駅周辺は造成中で美園は見当たらないが、堂々たる駅ビルには誇らしげに「FIFA World Cup」の文字が刻まれ、駅の北方１・２キロには、「埼玉スタジアム２００２」が浮かび上がった。その瞬間、12年前の日韓共催Ｗ杯で、日本の初戦となった対ベルギー戦が鮮やかに甦った。先制されたものの２分後に鈴木が同点に、さらに稲本で１点リード。結局２対２の同点となったが心に残る熱い試合だった。美しきサッカーの園である。

南関東

水田に姿を映す桜と小湊鐵道

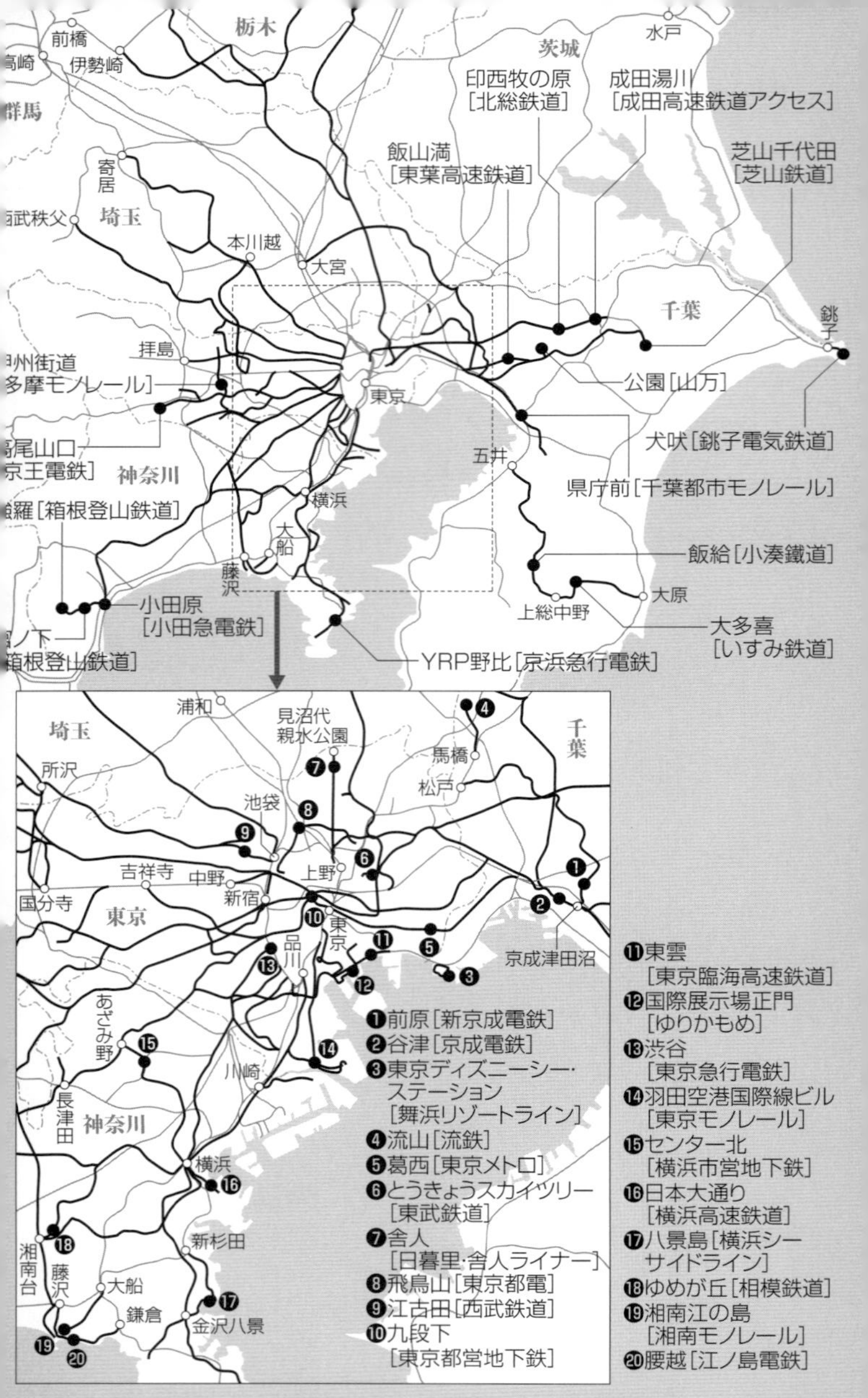

栃木
前橋
伊勢崎
群馬
茨城
水戸
印西牧の原
[北総鉄道]
成田湯川
[成田高速鉄道アクセス]
飯山満
[東葉高速鉄道]
芝山千代田
[芝山鉄道]
寄居
埼玉
武秩父
本川越
大宮
千葉
銚子
拝島
州街道
多摩モノレール]
東京
公園[山万]
尾山口
京王電鉄]
神奈川
犬吠[銚子電気鉄道]
五井
横浜
県庁前[千葉都市モノレール]
羅[箱根登山鉄道]
大船
藤沢
飯給[小湊鐵道]
小田原
[小田急電鉄]
上総中野
大原
ノ下
箱根登山鉄道]
大多喜
[いすみ鉄道]
YRP野比[京浜急行電鉄]
浦和
見沼代親水公園
埼玉
千葉
馬橋
所沢
松戸
池袋
吉祥寺
中野
上野
国分寺
新宿
東京
東京
品川
京成津田沼
あざみ野
川崎
長津田
神奈川
横浜
新杉田
湘南台
藤沢
大船
鎌倉
金沢八景
❶前原[新京成電鉄]
❷谷津[京成電鉄]
❸東京ディズニーシー・ステーション
[舞浜リゾートライン]
❹流山[流鉄]
❺葛西[東京メトロ]
❻とうきょうスカイツリー
[東武鉄道]
❼舎人
[日暮里・舎人ライナー]
❽飛鳥山[東京都電]
❾江古田[西武鉄道]
❿九段下
[東京都営地下鉄]
⓫東雲
[東京臨海高速鉄道]
⓬国際展示場正門
[ゆりかもめ]
⓭渋谷
[東京急行電鉄]
⓮羽田空港国際線ビル
[東京モノレール]
⓯センター北
[横浜市営地下鉄]
⓰日本大通り
[横浜高速鉄道]
⓱八景島[横浜シーサイドライン]
⓲ゆめが丘[相模鉄道]
⓳湘南江の島
[湘南モノレール]
⓴腰越[江ノ島電鉄]

我が青春の青ガエル——東京急行電鉄◉渋谷《しぶや》駅（東京都）

春3月は別れの季節だが、私にとって今春最大の別れは東急東横線の渋谷駅。3月15日の終電車を最後に現在の東急渋谷駅は86年間の業務を終え、翌16日から東京メトロ副都心線直通の地下駅に移転するのである。

地下駅移転により東横線と副都心線のみならず、東武東上線、西武池袋線、みなとみらい線の5路線が直通となり便利になるわけだが、長年親しんできた東急渋谷駅が消えてしまうのは寂しい。最終日の3月15日に行こうと思ったが、明日はもうないと思うと悲しすぎる。そこで一足早く、お別れに行くことにした。

多摩西郊の我が家から渋谷駅への最短コースは京王線〜井の頭線だが、それではあんまりなので、南武線で武蔵小杉まで行き東横線に乗り換えた。ホームに上がるとタイミングよく特急渋谷行きが到着。だが渋谷駅に着くまでの余韻を味わいたくなり、特急を見送って次の各駅停車に乗車した。

下丸子を過ぎると轟々と音をあげながら多摩川鉄橋を渡る。眼下にグラウンド。対岸は亀甲山《かめのこやま》古墳。この辺りの風景は昔と変わらないなと思う。しかし田園調布駅は地下駅と化し、昔の駅が思い出せなくなってしまった。

その次の停車駅は自由が丘。到着の際、ふいに口を衝いて出た言葉は、

「♪自由が丘、自由が丘です。田園都市線はお乗り換えです！」であった。

今から44年前、昭和鉄道高校に入学した私の駅務実習先が自由が丘駅。その時のホームアナウンスの口上が突然飛び出したというわけだ。念のため、当時は大井町線ではなく田園都市線だった。

自由が丘駅がきっかけで高校時代の思い出が堰を切ったようにあふれ出した。自由が丘駅前のカレー店、祐天寺の模型店、中目黒の同級生O君、当時の東横線電車は緑色で下ぶくれの5000系「青ガエル」だったっけ。

代官山駅を過ぎ山手線を一跨ぎすると東横線は終点の渋谷駅に歩を止めた。「渋谷」という駅名に渋谷駅をこよなく愛した故宮脇俊三先生のことが思い出された。今年（2013年）で没後10年である。今もお元気だったら渋谷談義で一杯やるところだが、先生とよく行った渋谷センター街のビアホール「ミュンヘン」も今はない。

渋谷駅東口。都バスの上には東急電車が。見慣れた光景も思い出へ

地下駅移転の2013年3月15日に向けカウントダウンする東急渋谷駅

44年前に撮影した東急5000系「青ガエル」。中目黒駅にて

ミシュラン三つ星のご来光——京王電鉄◉高尾山口《たかおさんぐち》駅（東京都）

新年最初の行事といえば初詣。今年はどこへ行こうかあれこれ迷った末、我が地元の電車、京王線で出掛けることにした。

信州生まれの私だが、東京西郊多摩の住人となって30年の歳月が流れた。いつしか長野より東京暮らしの方が長くなっている。故郷の鉄道は小海線だが、マイ電車といえば京王線なのだ。

大晦日から元旦にかけては終夜運転である。そこで午前3時台の電車で、まずは新宿駅へ向かう。「一年の計は元旦にあり」ということで、律儀に京王線のターミナル新宿駅から始発電車に乗りたかったのだ。

新宿駅では改めて路線図と運賃表を見上げる。沿線の初詣の名所といえば深大寺、大國魂《おおくにたま》神社、高幡不動、高尾山薬王院などだが、ここは迷わず高尾山口行きの切符を購入。44・7キロ乗って、370円は安い。おそらく全国でもっとも廉価な電車賃といえよう。こんなところも京王線が好きな理由の一つである。

さて、元旦の早朝、新宿駅から乗ったのは、4時ちょうど発の特急「迎光号」高尾山口行きだった。元旦に臨時運転される「迎光号」は、45年前の1968（昭和43）年からの恒例行事なが

17年振りに運転された特急「迎光号」高尾山口行き。京王線新宿駅にて

ら昨年までは急行が主体だった。特急「迎光号」は17年振りとのこと。京王線の線路幅は1372ミリと広く、安定した高速走行が自慢である。それゆえ特急は京王の看板電車なのだ。

17年振りの特急「迎光号」を一目見ようと集まったファンに見送られ新宿駅を発車する。しばらく地下を進むが、グングン加速しつつ急勾配を駆け上り笹塚で地上に出る。特急は笹塚通過だが、ここが京王電鉄発祥の地。1913(大正2)年に笹塚~調布間に開業した京王電気軌道が始祖で、今年4月には祝100周年を迎える。

特急「迎光号」のヘッドマーク

新年を迎えた高尾登山電鉄の清滝駅。良い1年でありますように！

最初の停車駅は井の頭線乗り換え駅の明大前。次は深大寺最寄り駅の調布。続いて大國魂神社の府中駅、聖蹟桜ヶ丘駅の次は高幡不動駅……。

おっと、地元私鉄だけに詳述していると紙幅が尽きてしまうので、ここは特急らしく加速して一気に高尾山口駅へ午前4時46分着。ケーブルカーに乗り換えてミシュラン三つ星の高尾山へ。ご来光にボンジュール！

高尾登山ケーブル「開運号」

高さ25メートルからの絶景——多摩モノレール◉甲《こう》州《しゅう》街《かい》道《どう》駅（東京都）

灯台もと暗しで、東京は多摩の住人ながら「多摩モノレール」に乗ったことはほとんどなかった。理由は我が家からだと、遠回りになってしまうからだ。けれども、京王線や中央線の車内にて、頭上の高架をスイスイ走るモノレールに遭遇すると、「気持ち良さそう。乗りたいな」と羨ましく思ったことは何度もあった。

嬉しいことに本日は、最初に多摩センター、続いて立川で野暮用がある。まさに多摩モノレール日和というわけだ。まずは自宅から京王相模原線で多摩センターに向かい、野暮用をそそくさと済ませ、モノレールの多摩センター駅へ。エスカレーターに乗って最上階のホームまで上ると、モノレールは発車を待っていた。

ラッキーなことに運転席背後の特等席が1席分空いている。残り3席は少年3人組だ。間を割る格好で「ごめんね！」と言いながら腰掛ければ、

「おじさんも多摩モノレール好き？」と聞かれた。「大好きだよ！」と、答えると、少年たちの顔から満面の笑みがこぼれた。私は一気に50歳ほど若返った気がした。

モノレールは多摩丘陵を縫って走る。勾配は急なところで1000分の57.5。つまり

多摩川を渡河する多摩モノレール。甲州街道〜柴崎体育館間

1000メートル進む間に57・5メートル上昇、下降する急勾配だ。坂は上るよりも下る方がスリリングだ。ことに多摩動物公園駅から程久保《ほどくぼ》駅にかけては下り勾配のうえ、地上から25メートルという高みを行く。少年たちからは歓声があがるが、私は悲鳴をあげたい気分だ。

高幡不動、万願寺と停車し、次の駅が「甲州街道」だった。ユニークな駅名である。面白そうなので少年たちに別れを告げ途中下車。降りてみれば、まさに甲州街道真上の駅だった。甲州街道の先には多摩川が流れていた。頭上を通過するモノレールを撮りながら、多摩川を渡って次の駅、柴崎体育館まで歩く。ちょうどいい散歩コースだった。

立川での野暮用を済ませて帰宅すれば、家人が、「今日はどこまで行ったの?」と聞く。「甲州街道」と答えれば、「甲州街道のどこ?」「だから甲州街道駅さ」「え、そんな駅あるの?」

実は私も今日まで、甲州街道という駅があることを知らなかったのだ。

えこだ？　えごた？——西武鉄道◉江古田《えこだ》駅（東京都）

東京に暮らして45年になるが、東京にも懐かしい場所がある。池袋もその一つ。15歳で長野から上京し、池袋の昭和鉄道高校に入学して早いもので45年というわけだ。

昔も今もそうだが、池袋駅の西口から東武鉄道、東口からは西武鉄道が出ていることが不思議でならなかった。百貨店も東西逆である。そうそう、西武百貨店の隣には、丸物《まるぶつ》百貨店があった。それがある日突然、パルコに変わって驚いた。もっとも、ＰＡＲＣＯをどう読んでいいかわからず、パーコーなどと呼んでいた。

西武鉄道は「えこだ」駅だが

今でも池袋に行くと45年前のことが懐かしく甦ってくるのである。

そんな池袋駅から西武電車に乗った。この電車もまた懐かしい。高校卒業後は日本大学芸術学部写真学科に進み、４年間江古田キャンパスに通った。当時は桃色や黄色の電車が多かったが、現代の主役はシルバー系の「スマイルトレイン」。なるほど、微笑んでいるかのような顔立ちの電車だ。

スマイルトレイン豊島園行きは発車した。椎名町、東長崎と懐かしい

スマイルトレインが江古田銀座の踏切を通過中！　江古田～桜台間

我が母校の日本大学芸術学部。写真学科にて4年間写真芸術を学ぶ

駅名が通り過ぎる。まるでタイムマシンに乗った気分だ。西武池袋線も桜台から先は高架、練馬から先は複々線となり、すっかり近代化されたが、幸か不幸か池袋から江古田までは、地面を走る昔ながらの在来線である。

池袋から6分で懐かしの江古田駅に到着した。ホームに降りた途端、耳に飛び込んできたのは、「カンカンカン……」という鐘の音だった。今も踏切が残っているのだ。それがなんとも嬉しくて、わざわざ踏切を渡ってみる。その瞬間、幼い頃、用もないのに、何度も踏切を渡ったことを思い出し、苦笑した。

母校は踏切のすぐ先だった。懐かしさよりも、驚きが先にたった。キャンパスはすっかり変貌し、私の記憶の中の校舎は一棟も残っていなかった。無理もない。大学を卒業し40年も経つのだから。

何となく来た道を戻りたくなくて、帰りは都営地下鉄大江戸線の新江古田駅に向かった。ちなみに、西武線の江古田駅は「えこだ」、都営は「えごた」である。さあ、どちらが正解か? 江古田生まれの同級生H君によれば、昔エゴノキが多かったから。ということは「えごた」?

高度634（武蔵）メートル——東武鉄道◉とうきょうスカイツリー駅（東京都）

遅ればせながら東京スカイツリーに登ることになった。高いところは決して苦手ではないが、並ぶのは大の苦手で、オープン以来の大人気と、長蛇の列のニュースに恐れをなし、登る機会を逸していたのである。

ところが、鉄道旅行仲間の飲み会が、スカイツリーに隣接する東京ソラマチで開催されることが決まり、それなら団体で登ろうということになったのだ。団体だとワイワイしてる間に時間が経ち、並ぶのが苦にならないから不思議である。

平仮名と片仮名のみの長〜い駅名

最寄り駅は2駅ある。東武鉄道の「とうきょうスカイツリー駅」、京成電鉄、東京メトロ、都営地下鉄の「押上駅」だ。押上駅には「スカイツリー前」と付記され、3鉄道が乗り入れているだけに断然便利だが、私は敢えて浅草駅から東武鉄道で行くことにした。理由は、押上駅が地下駅でいきなりスカイツリーの足元に出るのに対し、東武鉄道なら浅草からスカイツリーを眺めながらアプローチできるからだ。

かくして、東京メトロ銀座線の終点浅草駅で下車し、雷門をくぐり、仲見世を流しながら浅草寺へ。線香の煙をたっぷり浴びての参拝後、東武鉄道の浅草駅にやってきた。この間およそ30分、押上駅に直行しては味わえない極上の散歩道である。

東武鉄道の浅草駅の風情がまたいい。かつての上野駅を思わせる昭和の終着駅のたたずまいがそこかしこに残っている。行き止まり式のホームから乗ったのは、13時22分発の北千住行きだった。

スカイツリーの足元を行く東武特急スペーシア

発車と同時に、ほとんど直角と思えるような右急カーブを切りつつ隅田川の上に躍り出る。太陽が水面にキラキラと反射する。対岸を見やれば、高さ634メートル、世界一高いタワー「東京スカイツリー」が青空に屹立する。間もなく、そのタワーに登るのかと思うと童心に返ったような興奮を覚えずにはいられない。

東武の看板特急スペーシアも停車する、とうきょうスカイツリー駅

3分後、とうきょうスカイツリー駅で下車し、友人らと合流する。皆さんいい歳だが、子どものような笑顔だ。それから1時間半後、我々は高度450メートルの展望回廊にいた。眼下には隅田川を渡る東武特急「スペーシア」が見える。ジオラマを走る鉄道模型に思えた。

屋形舟、スペーシア、スカイツリーの饗宴

東京きっての難読駅
日暮里・舎人ライナー◉舎人《とねり》駅（東京都）

東京の下町、日暮里より都営の新交通システム「日暮里・舎人ライナー」に乗車する。日暮里は常磐線の起点なので、ルビの必要はないと思うが、「舎人」をすんなり読める人は少ないのではなかろうか。

まずは東京下町、湯島育ちの家人に尋ねたところ、「しゃじん」という答えが返ってきた。事実、広辞苑には「しゃじん【舎人】召使。家人（けにん）」と載っている。

続いて千住の生まれで、今は日暮里に住む江戸っ子の友人に聞いてみれば、彼は得意げにこう言った。

ルビがないと簡単には読めない舎人駅

「とねりですよ。僕なんか小学生の時から読めましたよ」。さらに「舎人の意味は、昔、皇族に仕えた人の職名ですな」と、付け加えた。

そこで私も向きになり、

「東京23区の最北端から皇居にご出勤とは、さぞや遠くて大変だったことでしょう」と、言えば、

熊野前付近を走る日暮里・舎人ライナー

「だから、舎人ライナーが開通したのですよ」と、切り返された。
冗談はさておき、「日暮里・舎人ライナー」は日暮里駅を発車した。全長9・7キロの全線が高架なので眺めはすこぶる良い。しかも私は運良く先頭車両の一番前の席をゲット！　運転士も車掌もいない無人運転なので、前方の視界を遮るものは何もない。まさに特等展望席である。
3つ目の停車駅熊野前では眼下を行く都電荒川線を見つけ、右手後方に東京スカイツリーを仰ぐ。
隅田川、続いて荒川を渡河し、さらに1000分の50（1000メートル進む間に50メートル上昇する）の急勾配をグングン駆け上がって首都高速中央環状線を乗り越える。気分は都営ジェットコースターだ。

扇大橋、高野《こうや》、江北《こうほく》と駒を進め、環七通りを越えると西新井大師西駅。東の方角には西新井大師の大屋根が見える。確かに西新井大師の西にある駅だが、駅名に西が2つあると、「頭痛が痛い」気がしないでもない。

広大な緑地が広がる舎人公園を眺めながら舎人駅に到着する。一旦は途中下車したものの、次が終点と聞いて、見沼代親水公園《みぬまだいしんすいこうえん》駅まで乗り通す。下車してみれば、駅前を毛長《けなが》川が流れ「舎人二つ橋」が架かっていた。橋を渡って200メートルほど行けば、もうそこは東京ではなく埼玉県草加市だった。

夕日に輝く隅田川を車窓眼下に

見沼代親水公園駅の200m先は埼玉県

1954年生まれの都電
──東京都電◉飛鳥山《あすかやま》電停（東京都）

例年より12日も早いソメイヨシノ満開のニュースに慌てて、都の西北、早稲田へと向かう。早稲田大学に行くわけではない。目指すのは都電の早稲田電停だ。けれども、地下鉄東西線早稲田駅から都電の乗り場の間には大隈講堂があり、自動的に早大キャンパスを通過することになる。足を止め大隈重信像を見上げる。早稲田大学の初代総長であるばかりか、日本中が総反対したという我が国最初の鉄道、新橋～横浜間開業の立役者でもある。

ただしその鉄道は欧米のスタンダード（標準軌）ではなく、ナローゲージ（狭軌）だった。大隈は晩年、「狭軌は吾輩の失策だった」と吐露したそうだ。それから141年後の今もなお、JRの大半が狭軌鉄道なのだから。

それはさておき、「学割」「大盛無料」「スープ飲み放題」などの文字が躍る学生街を通り抜け新目白通りへ。「いたいた！」。東京に唯一残った都電荒川線が発車を待っていた。運賃箱に160円放り込むや、「チンチン！」という懐かしい音を奏でつつ発車した。

「本日は都電荒川線をご利用いただきありがとうございます。次は面影橋《おもかげばし》です」

アナウンスが流れると進行方向右側の車窓に桜並木が近づいてきた。神田川の護岸に咲くソメ

桜満開の飛鳥山を行き交う都電荒川線。左は7000形、右は8800形

イヨシノである。思わず途中下車の衝動に駆られたが、乗車してまだ1駅とあって思い止《とど》まった。それに面影橋の桜は満開を過ぎ神田川を桜吹雪で染める頃がまたいいのだ。見頃は1週間後か？

その後も、鬼子母神前《きしぼじんまえ》、都電雑司ケ谷《とでんぞうしがや》、庚申《こうしん》

飛鳥山公園に保存されている懐かしき6000形

飛鳥山の併用軌道で信号待ち。左が1954年生まれの都電7000形

塚《づか》など何とも魅力的な電停が続くのだが、我慢に我慢を重ね乗り続ける。そして滝野川一丁目を過ぎると、再び前方に桜の山が現れた。面影橋とともに都電荒川線きっての桜の名所、飛鳥山公園である。私は迷うことなく飛鳥山電停で途中下車した。

飛鳥山の桜は8代将軍徳川吉宗公が、江戸っ子のために植林したのがルーツとされ、今や650本のソメイヨシノやサトザクラが咲き誇るという。

満開の桜山をバックに桜の花をラッピングした都電7000形がやってきた。1954（昭和29）年生まれである。私と同い年ではないか。お互い、頑張ろう！

祝！ 開業50周年——東京モノレール◉羽田空港国際線《はねだくうこうこくさいせん》ビル駅（東京都）

海外取材でパリへ飛ぶことになった。航空会社はエールフランスである。てっきり成田空港発と思いきや、届いたEチケットは羽田発。国際線は成田、国内線は羽田というかつての常識が抜け切れていなかっただけに、危ないところだった。事実、エールフランスのパリ行きは1日3便あるが、内2便が羽田発着なのだ。

かくして旅装を整え羽田空港へ。手荷物が少なかったので山手線で浜松町まで行き、東京モノレールに乗車する。折しも待っていたのはデビューしたばかりの10000系だった。ブルーのヘッドライトも印象的な最新鋭で、実に17年振りの新車である。

車内に入ると「おかげさまで50周年」のポスターが目にとまった。1964（昭和39）年9月17日開業とある。東京オリンピックの年だ。東京五輪開幕に合わせて10月1日に開業した東海道新幹線はつとに有名だが、その14日前に東京モノレールは誕生したのである。

新幹線の先輩だと感心している間に、スルスルッと浜松町駅を発車。するといきなり眼下に線路が現れた。山手線、京浜東北線、東海道本線、そして東海道新幹線と、いずれも複線なので合計8本の線路を一跨ぎする。ちょっと怖いほどの高さだが、新幹線を真上から見下ろす気分は格

羽田空港国際線ビル駅に入線する新型モノレール

別だ。

右に東京タワー、左にレインボーブリッジを眺めつつ最初の停車駅は天王洲アイル。発車すると京浜運河に沿って飛ばす。大井競馬場前、流通センターと停車するも、乗車したのが区間快速だったので、後はノンストップで目的の羽田空港国際線ビル駅に滑り込んだ。浜松町からはちょうど15分間の空中散歩だった。

これまでに東京モノレールで羽田空港第1ビル、第2ビルまで乗車したことは何度もあるが、国際線ビル駅で下車するのは、初めてだ。驚いたことは、モノレールの下りホームと、改札口と、空港出発ロビーとが同一フロアで完全にバリアフリー。ものの1分で航空会社のチェックインカウンターなのだ。成田空港のような手荷物検査もなく、実にスムーズな空港駅だと感心した。惜しむらくは段差の多い浜松町駅。東京オリンピックに向けターミナルの一新を期待したい。

バカの壁の言い分——東京都営地下鉄◉九《く》段《だん》下《した》駅（東京都）

拙宅は東京西郊多摩にあり、地元の電車が京王線であることは前にも記したが、都心に向かう際は笹塚駅にて新宿行きと、都営地下鉄新宿線直通とに別れる。今日は猪瀬都知事の「バカの壁」で話題となった都営新宿線の九段下駅に行ってみようと笹塚駅で本八幡行きに乗り換えた。東京都の木、イチョウの葉をあしらった黄緑色の電車である。

笹塚を発車すると下り勾配を一気に駆け下りて地下に吸い込まれる。この気分、決して嫌いでないが、それ以降、地上の風景や天候などは、あれこれ想像するしかない。

幡ヶ谷、初台を過ぎて新線新宿駅着。乗務員が、京王から東京都にバトンタッチして発車する。いよいよこの先が都営地下鉄新宿線である。新宿三丁目、曙橋と停車して市ケ谷着。私が15年間勤務した出版社の最寄り駅が市ケ谷。それだけに、思い出多く、思わず途中下車したくなったが、ここは我慢して次の停車駅、九段下駅の6番線ホームに降り立った。

問題の壁のあったホームは4番線と5番線の間である。4番線は東京メトロ半蔵門線の押上方面。5番線は都営地下鉄新宿線の新宿方面である。今年3月15日、猪瀬知事の提案によって両者を隔てていた壁が完全に撤去されたのである。

壁が撤去された九段下駅ホーム

第一の好印象は4番線と5番線のみならず、3番線から6番線まで見通せて構内が広々としたことだ。ところが、しばらくすると疑問が生じた。知事は壁を撤去することで「5分かかっていた乗り換えが数秒で済むようになった」と言っているが、4番線から5番線へ、あるいはその逆に乗り換える必要性があるのだろうか？　念のため1時間ほど眺めていたが、ただの1人もいなかった。

なぜなら東京メトロ半蔵門線で永田町方面から来た乗客が九段下駅でわざわざ高くつく都営新宿線に乗り換え市ケ谷方面に行くとは考えにくい（永田町〜市ケ谷間は東京メトロの有楽町線、南北線があるので）。逆に、都営新宿線の神保町方面からの乗客が九段下駅で半蔵門線に乗り換え神保町に引き返すだろうか？

バカ呼ばわりされた壁が気の毒になってきた。壁には広告収入というプラスもあったのだ。壁の撤去費用が回収できるのはどのくらいですかね、猪瀬さん？

＊猪瀬氏は2013年12月、任期中に都知事を辞職した。

地下鉄博物館最寄り駅

——東京メトロ◉葛《か》西《さい》駅（東京都）

東京の地下鉄では丸ノ内線と東西線が好きだ。理由は地上を走る区間が多いからである。地下鉄なので地上の景色は見えないのが当たり前ながら、ちらりとでも外が見えると天気もわかるし、桜も見えて楽しいもの。

今日は東京メトロでも、もっとも地上区間の長い東西線に乗ろうと中野駅までやってきた。乗車前に駅前の「田舎そば」をかき込む。私好みの太くて歯ごたえのある蕎麦だ。デザートはお隣「れふ亭」の大判焼き。これが私の中野における定番ランチコースである。

葛西駅ホームの地下鉄博物館案内

満腹になったところで4番線ホームへ。次の東西線は中野始発の西船橋行きだ。隣のホームは、ＪＲ総武線直通津田沼行き。西船橋までの所要時間はどちらに乗っても約50分だが、運賃は東京メトロが３１０円、ＪＲは５５０円。差額で大判焼きがもう一つ買える。

東西線は中野駅を発車すると1分も経たないうちに地下に吸い込まれてしまった。中野始発だけに車内は空いていたが、２つ目の高田馬場駅では、賑やかな若者たちが大挙して乗り込んできて、たちまち満員になった。次は早稲田駅なので早大生であろうか。高田馬場そして早稲田といえば、思い出すのが、かれこれ30年ほど前に、デーモン小暮が歌った「東西線の歌」である。野球の応援歌でお馴染みのコンバットマーチにのって、高田馬場の次は早稲田、早稲田の次は神楽坂、続いて、飯田橋、九段下、竹橋、大手町と行くのである。駅名も同時に覚えられていい歌だった。

大手町の先は、日本橋、茅場町、門前仲町と都心部を進み、南砂町を過ぎるとグングン急勾配を駆けあがり、ついにトンネルを抜け出した。中野駅からここまで35分、春の陽射しが眩しい。

地下鉄博物館最寄りの東西線葛西駅

地上に出ると間もなく、荒川と中川に架かる鉄橋を渡る。全長1236メートル。私鉄では関西空港線に次いで第2位、JRを含めても全国でベスト10に入る長大橋だ。荒川と中川を連続して渡河すると、どちらから読んでも西葛西に停車し、その次の葛西駅で途中下車した。目的地は高架下の地下鉄博物館。日本初の地下鉄銀座線が開業してから今年で88年、米寿である。

地下鉄博物館に並ぶ展示車両。丸ノ内線300形と銀座線1000形

1927年、浅草～上野間開通当時の第1号車の車内

新交通〝海鸥〟线——ゆりかもめ◉国《こく》際《さい》展《てん》示《じ》場《じょう》正《せい》門《もん》駅（東京都）

「東京ビッグサイト（東京国際展示場）」でイベントがあり、お台場へと向かう。最近では新宿駅から乗り換えなしの「埼京線・りんかい線」を利用することが多くなったが、今日は久々に「ゆりかもめ」で行くことにした。昨年登場の新型車両の座席が、すこぶる評判がいいと耳にしたからだ。

早めに家を出て新宿駅から山手線をぐるり半周し新橋駅へ。降り立つと「新橋駅移転１００周年」のポスターが飛び込んできた。東京駅１００周年のイベントが強烈だったので気がつかなかったが、東京駅の開業に伴い汐留にあった旧新橋駅は、現在の烏《からす》森《もり》の地に移転したというわけだ。鉄道唱歌の「♪汽笛一声新橋を」は、１８７２（明治5）年開業、一方、東京駅は１９１４（大正3）年なので、新橋駅は大先輩なのである。

新橋駅の新交通「ゆりかもめ」案内

さて、ＪＲ新橋駅を後にゆりかもめの新橋駅へ。

超高層ビル街を行く新型ゆりかもめ。有明テニスの森〜市場前間

同じ新橋駅でも、ゆりかもめの乗り場はちょっと離れているのが玉に瑕。不案内な乗客のために要所要所に矢印があるが、思わず見入ってしまったのが「新交通〃海鸥〃线」の6文字だった。中国からのお客さんが多い証拠である。事実、券売機の前には中国語を話す案内係が3名待機し、中国人と思しきグループに切符の買い方を説明していた。「なるほど！」と思う。海外に行って鉄道に乗る際、何が一番難しいかといえば、係員のいる窓口ではなく、券売機での切符の買い方なのだ。

慣れない外国人に券売機は難しいだろうと同情しつつ、私もチケットを購入し階上のプラットホームへ。待つほどもなく「ゆりかもめ」はやって来た。ラッキーなことに新型7300系だ。旧型に比べ車内が広々している。評判の座

東京ビッグサイト前を行く新型ゆりかもめ7300系

席に腰掛けてみれば、背筋が伸びて気持ち良く着席できる。これはシートの角度を膝側が9度上がるように設計したことにより、自然にかかとを引く姿勢になる。つまり足を投げ出しにくく、行儀良く着席できる効果があるそうだ。

その一方で、中国からのグループは無人運転に大いに感動し、運転席に代わる代わる座って記念撮影。シャッターを押す役を買って出たのはこの私。海鴎で日中友好！

グッドデザイン賞受賞のポスター

ブルーモーメント——東京臨海高速鉄道◉東雲《しののめ》駅（東京都）

「ゆりかもめ」しかなかった頃のお台場はずいぶん不便だったが、2002（平成14）年に「東京臨海高速鉄道りんかい線」（以下、りんかい線）が全線開業してからは俄然便利になった。私の仕事場は新宿駅から京王線で5分の笹塚にあるのだが、新宿から埼京線・りんかい線直通電車で乗り換えなしでお台場まで行くことができるのだ。

つい先日も「東京モーターショー」を見に、東京国際展示場（東京ビッグサイト）へ行ったばかり。新宿駅から乗ったのは、川越始発の快速新木場行きだった。渋谷、恵比寿と停車して大崎に到着すると車内アナウンスが、日本語と英語で「東京臨海高速鉄道りんかい線」を連呼する。漢字で書くとそうでもないが、耳に飛び込んでくるカタカナ言葉は「トウキョーリンカイコーソクテツドーリンカイセン」と、まるで早口言葉のようだ。さらに、車掌の肉声で、「この電車はJRではありません。別会社、別路線、別料金です」をしつこく繰り返す。よほど誤乗客が多いようだ。

大崎駅を発車すると、りんかい線は地下へ潜る。大井町、品川シーサイド、天王洲アイル、東京テレポート……。地下駅ゆえ駅名のみで地上の風景をあれこれ連想するわけだが、以前、シー

ブルーモーメントの東雲駅を発車するりんかい線

サイドの名に誘われて、品川シーサイド駅で途中下車した。けれども、シーサイドとはほど遠いビル街にガッカリした。名は体を表さないこともある。

さて、国際展示場駅で下車し、モーターショーを楽しんだ後、再び駅に戻ってみれば、モーターショー帰りの客でごった返していた。私と同方向、大崎、新宿方面が超満員。一方、新木場行きは空いている。そこで逆方向経由で帰ることにした。国際展示場駅を発車ししばらくすると地上に出た。

折しも日没直後の暮れなずむ時間帯で空全体が得も言われぬブルー色に染まっている。ブルーモーメントだ。ブルーの情景が撮りたくなり、次の駅で下車してみれば東雲駅だった。東雲とは夜明け、明け方の意。今は夕暮れだが、雰囲気は明け方とよく似ている。

と、その時、いしだあゆみの代表曲「ブルー・ライト・ヨコハマ」が思わず口を衝いて出た。

昭和から幕末にタイムスリップ――流鉄◉流山《ながれやま》駅（千葉県）

開業130周年に沸く上野駅より常磐線の快速取手行きに乗る。いわゆる首都圏を走る標準的な通勤電車だが、日暮里まで並行して走る山手線（11両）、京浜東北線（10両）と比べても、ぐんと長い15両編成である。

およそ20分で江戸川を渡河し千葉県へ。ほどなく松戸駅に停車し、快速取手行きから地下鉄千代田線直通の常磐線各駅停車我孫子行きに乗り換えた。車内の路線図には常磐線と東京メトロのみならず小田急線まで描かれている。はて、始発駅はどこだろう？　時刻表を調べてみればこの電車、小田急線の唐木田始発、東京メトロの千代田線経由、常磐線は我孫子行き。神奈川、東京、千葉の3都県を貫き全長74・3キロをロングランする東京メトロの電車なのだ。ちなみに編成は10両編成だった。

赤い屋根が印象的な流山駅舎

松戸から2つ目の馬橋駅にて下車し、本日、何よりも楽しみにしていた流鉄《りゅうてつ》流山線の乗り場へ。実は高校生の頃、総武流山電鉄の時代に乗って以来なので40年振りなのだ。改札口にスイカをタッチしようと思いき

流鉄5000形「あかぎ号」と北総新選組の皆さん。流山駅にて

や、タッチする場所がない。スイカやパスモが使えないならと切符を買ったが、その切符を投入する自動改札機もない。

つまり、昔ながらの改札なのだ。私は嬉しくなった。上野駅からわずか30分で昭和の駅に出会えたからだ。待つほどもなく到着した電車は2両編成の「あかぎ号」だった。上野駅から15両、10両、そしていきなりの2両編成！　電車も15両編成にもなると堂々たる長蛇だが、2両ぐらいが可愛らしくていい。

さて、40年振りの流鉄だが、沿線に高層マンションや住宅が増えたこと以外は、何ら変わっていないようにも思えた。ことに鉄道は今なお単線で昭和のローカル私鉄の雰囲気がそこかしこに。

全長わずか5・7キロ。どこで途中下車しよ

昭和のムード漂う馬橋駅の流鉄乗り場。停車中の電車は「若葉号」

うか迷ううちに終点流山駅に着いてしまった。待合室の市内観光マップで目にとまったのが「新選組流山本陣跡」。さっそく訪ねてみると、本日は日曜日とあって「北総新選組」の皆さんが、近藤勇陣屋跡にて演舞中。昭和を超えて幕末までタイムスリップする流山の休日。

流山駅にもほど近い近藤勇陣屋跡

古いのに新京成――新京成電鉄◉前原《まえばら》駅（千葉県）

２０１２（平成24）年４月の「ゆいレール」壺川駅を皮切りに全国の私鉄駅に途中下車する旅を綴ってきた。それから１６５回目、最後に訪ねる私鉄駅が新京成電鉄の前原駅である。

実は以前から私鉄編の最後は前原駅にしようと決めていた。なぜなら、長野生まれの私だが、父の転勤によって小学１年の１年間だけ千葉に暮らした。55年も前のことだが、その時の最寄り駅が前原駅だったからだ。

カーブをイメージした？新京成のロゴ

両親がいつもそうしていたように、西郷さんの銅像を拝んでから京成電鉄の上野駅へ。55年前は駅頭に腕や足を失った傷痍軍人が並んでいたが今は皆無である。戦中派の父も他界して久しい。

京成上野駅から特急で35分、京成津田沼駅で下車し新京成のホームへ。ほどなく入線したのは6両編成のカラフルな電車だった。赤やピンク色を基調としているせいか、親会社の京成電鉄よりも鮮やかな印象である。

55年前、初めて乗った新京成は古めかしいこげ茶色の電車で１～２

両編成だった。京成の方が新しくて格好いい電車が走っていた。子ども心に、「新しい京成なのに、なぜ古いのだろう?」と、不思議だったが、それもそのはず新京成は京成電車のお古だったからだ。それだけに、今日のカラフルな新京成が誇らしく感じられてならない。

新津田沼〜前原間のカーブを行く8800形旧塗装車

けれども京成津田沼駅を発車した途端、ガッカリした。線路が単線かつ急カーブの連続だったからだ。およそ都会の準大手私鉄には似つかわしくないが、これには理由がある。新京成は旧陸軍鉄道連隊の演習用線路が戦後に払い下げられ発足したからだ。演習用なのでカーブが多いのだそうだ。

急カーブと急勾配でJR総武本線を乗り越えて新津田沼駅着。この先は複線区間でスピードアップするが、それを楽しむ間もなく次の駅で途中下車。思い出の前原駅だ。

子ども時代に我が家があった場所から通学路をたどって前原小学校へ。今から55年前、私が

前原小学校近くの踏切を通過する「新京成60周年」の8800形新塗装車

入学した小学校だ。古い校舎は当時の建物だけに、走馬燈のように思い出が甦る。1年3組、担任は依田みつ先生。教室の窓から、新京成の古い電車がモーター音も高らかに、肩を揺らしながら走るのが見えたっけ。

懐かしき我が母校、船橋市立前原
小学校のかまぼこ型体育館

思い出の谷津遊園——京成電鉄◉谷津《やつ》駅（千葉県）

長野の山奥生まれの私だが、父親の転勤により小学1年生の1年間だけ、千葉県に暮らした。入学したのは船橋市立前原小学校で、最寄り駅は新京成電鉄の前原駅だった。それゆえ半世紀以上経過した今もなお、京成電鉄と新京成電鉄の両私鉄は懐かしい存在なのだ。

日曜の朝、久しぶりに故郷千葉に帰りたくなり、京成上野駅より各駅停車に乗る。新京成線乗り換え駅の京成津田沼には、後から発車する特急の方が15分早く着くことはわかってはいたが、急ぐ旅ではなし、目の前に停車中の各停に乗った。

今は谷津駅だが昔は谷津遊園だった

発車すると日暮里までは地下トンネルを行く。車窓は暗闇だが何やら柱のようなものが見えた。

「あ、駅だ!」。思わず昔の記憶が甦る。かつて上野動物園に行った帰りに利用した「博物館動物園駅」である。けれども廃止されて久しい。

その後も、隅田川の先の千住大橋駅付近から、「お化け煙突」が見えたことを思い出す。1本の煙突が2本、3本と増え、最高4本になるこ

谷津バラ園。谷津遊園は1982年に閉園したがバラ園だけは残された

とが不思議でならなかったものだが、今や煙突などほとんど見当たらない。

江戸川を渡河し東京都から千葉県に入る。青々と松の木茂る国府台《こうのだい》の台地が現れて、車窓風景も心なしかゆったりとした感じだ。啄木ではないが、

「ふるさとの山はありがたきかな」である。

途中下車を誘う魅力的な駅名の鬼越《おにごえ》駅、駅前通りがおけら街道を連想させる東中山駅、海が近いことを教えてくれる海神《かいじん》駅など、各駅停車だけに各駅に丹念に停車し、新京成電鉄乗り換えの京成津田沼駅まであと1駅の谷津駅まで来たところで、唐突にも私は電車を飛び降りた。なぜならこの駅こそ小学1年生の遠足で下車したかつての「谷津遊園駅」だったからだ。

谷津遊園はどこにあったのだろう。誰彼に聞

谷津駅に停車中の京成上野行き。車両は京成電鉄主力の3000形

谷津バラ園、つまり谷津遊園跡に
残る「読売巨人軍発祥の地」碑

くまでもなく、私の足は自然に駅前の谷津遊路を東京湾に向かっていた。京葉道路の高架橋をくぐると、そこは懐かしさをたたえる「谷津バラ園」だった。谷津遊園は１９８２（昭和57）年に閉園し跡地は公団の集合住宅となったが、バラ園だけは習志野市が引き取り残してくれたのだ。50年前に小学生の私が嬉々として遊んだ場所である。

コアラのマイ電車——山万・公園《こうえん》駅（千葉県）

成田空港に行く度に、「どんな鉄道だろう。乗りに行かなくては」と、気になっていた鉄道がある。京成電鉄本線のユーカリが丘駅から出ている「山万」という私鉄だ。

ところが2010（平成22）年に、京成電鉄成田空港線「成田スカイアクセス線」が開業してからというもの、とんと京成本線とはご無沙汰となり、山万のことも忘れかけていた。

先日、時刻表の首都圏の路線図を眺めていたら、小さな円形の路線が目にとまった。鉄道路線は直線で描かれることが多いので山手線のように円形だと目立つのだ。山手線よりはるかに小さな円形だが、そこには路線名を表す青文字で「山万」とあった。そこで一念発起、未知の鉄道「山万」を目指したのである。

都営地下鉄東日本橋駅から都営浅草線〜京成線直通の快速電車に揺られること55分で、ユーカリが丘駅に到着した。駅前広場には、ユーカリの木が植えられ、柳のような葉が風にそよいでいる。ユーカリを眺めながら、オーストラリアでコアラを抱っこしたことを思い出していると、頭上の高架線に、コアラのイラストが描かれた新交通システムが現れた。それが、「山万」ユーカリが丘線だった。

ニュータウンを走る山万ユーカリが丘線のこあら3号

運賃は消費税増税後も変わらず大人200円、小人100円。1日乗車券（500円）があることもすごい。大手私鉄でさえ1日乗車券はないところも多いのだから。

切符を買って停車中の「こあら3号」に乗り込む。3両編成の先頭車両は学校帰りの小学生で満員だ。我が街を走るマイ電車といった感じで楽しそうだ。運転士が子どもたちに、「ちゃんと座ってください」と声を掛けるとユーカリが丘駅を発車した。地区センター、公園、女子大、中学校……と進む。駅名は単純明快だ。

停車する毎に小学生が下車し、代わって買い物かごを手にした主婦が乗ってきた。大手ディベロッパーが開発したニュータウンは各地にあるが、自前の電車が走る街が他にあるだろうか。

環状線を一周し、公園駅で途中下車した私は、公園のベンチでランチボックスを開けた。マイ電車のあるユーカリが丘の住民になりたくなった。

4分間の鉄道——芝山鉄道◉芝山千代田《しばやまちよだ》駅（千葉県）

千葉県に日本一短い鉄道があるという。東成田駅と芝山千代田駅を結ぶ芝山鉄道である。場所は成田空港のすぐ近くで、営業キロわずか2・2キロ。海外取材などで成田空港に行く度に、一度は乗らなければと思っていたが、チャンスはなかなか巡って来なかった。

なぜなら成田空港に行く時はいつも出発直前で時間的な余裕はまるでなく、帰国時もたいてい急ぎの用事が発生し成田空港から都心に直行せざるを得なかった。このままでは、何時までたっても行けやしない。そこで意を決し、芝山鉄道に乗るためだけに成田空港へ向かったのである。

路線図は立派だが芝山鉄道は1区間のみ

京成上野駅から乗ったのは9時54分発の特急成田空港行き。本当は10時発の山本寛斎デザイン新型「スカイライナー」に乗りたかったのだが、スカイライナーが走る成田スカイアクセス線経由だと芝山鉄道には乗れないのだ。そこで昔ながらの京成本線経由の特急に乗車したのである。

特急とはいえ佐倉から先は各駅に停車し11時01分、京成成田駅着。こ

成田空港をバックに走る芝山鉄道。車両は京成電鉄3600形

こで芝山鉄道芝山千代田行きに乗り換える。つまり成田空港まで行くと芝山鉄道には乗れなくなってしまうのだ。そのため、私はこれまで数え切れないほど成田空港に行っていながら、芝山鉄道には乗れなかったのである。

11時12分、6両編成の芝山千代田行きは発車した。乗客は1両に数人ずつ、全部で30名ほど。成田山新勝寺を左に見て空港方面に進路を取る。田園地帯を駆け抜け、やがてトンネルに突入し、11時17分、地下駅の東成田駅着。この駅こそ、かつての成田空港駅だが、現在の成田空港（第1旅客ターミナル）駅、空港第2ビル（第2旅客ターミナル）駅の開業後は、ターミナル機能を新駅に譲り、空港勤務者が利用する東成田駅となった。

京成成田からの乗客はほとんど下車し東成田

芝山鉄道唯一の駅、芝山千代田駅。芝山鉄道の本社も同居する

看板が色褪せるほど早期延伸の願いははるか

駅を発車する。ここまでは京成線、この先が芝山鉄道だ。長いトンネルを抜けると視界がぱっと開け、多くの飛行機が飛び込んで来た。全日空、タイ航空、ルフトハンザ、エアアジア……十数機数えたところで終点の芝山千代田駅に到着した。東成田駅からはわずか4分間の旅だった。

いいやまみつる駅に非ず——東葉高速鉄道◉飯《は》山《さ》満《ま》駅（千葉県）

東京メトロの高田馬場駅で東西線の電車を待っていると、到着したのは銀色の車体にオレンジ色の帯を巻いた快速「東葉勝田台」行きだった。

東西線といえば昔から水色がラインカラーなので、オレンジ色には少なからず違和感を覚える。また「東葉」とは、東京と千葉を結ぶ意だが、その点では、京葉線しかり、京葉道路しかりで、「京葉」という言葉に慣れ親しんできた。さらに私の場合、「とうよう」とアナウンスされると、「東洋」を連想してしまうのだ。

ルビなしで読めますか？

そこで改めて「東葉高速鉄道」の車内を眺めてみれば、「運賃の改定申請のお知らせ」の中吊り広告が飛び込んできた。4月1日より消費税率が5％から8％に引き上げられることに伴い、国土交通大臣に運賃改定を申請したとある。つまり値上げだ。だからというわけでもないが、いい機会なので、運賃が上がる前に、まだ乗車経験のなかった東葉高速鉄道に乗ってみることにした。

快速なので東葉町、いや東陽町を過ぎると浦安以外の駅は通過となる。ことに南砂町以降は地上に顔を出し高架線を飛ばすので気持ちがいい。荒川、旧江戸川、江戸川を渡河し西船橋駅に到着。ここまでが東京メトロ東西線、この先が東葉高速鉄道線で、私にとっては未体験ゾーンである。

乗務員が交代して発車。さあいよいよと身構えた瞬間、トンネルに入ってガッカリした。最初の停車駅は東海神駅。いいネーミングだが地下駅なので何も見えず。このまま地下を行くのだろうか？　いささか不安になりかけたところでトンネルを抜け丘陵地に躍り出た。団地もあるが雑木林が残り、そこかしこに畑も点在する。いいところだなと思っていると、飯山満駅に停車した。

雑木林や畑が残る飯山満駅周辺

地元の人以外、まず読めないであろう難読駅名を目にした瞬間、衝動的に途中下車していた。駅の近くに、船橋市飯山満公民館があり、そこで飯山満町の由来を伺った。

起源は古代まで遡り、「谷間の場所」の意が有力だそうだが、地元には、「米（飯）が山ほどできて満ちた土地」の言い伝えも。一方ラジオでは、「いいやまみつる町」と放送されたことも再三あったそうな。

気分はアメリカ西部——北総鉄道●印《いん》西《ざい》牧《まき》の原《はら》駅（千葉県）

カメラの修理や点検で月に一度は銀座に行く。銀座といってもサービスセンターは歌舞伎座の近くなので最寄り駅は都営地下鉄浅草線の東銀座駅である。帰りは東銀座から東日本橋まで浅草線に乗るのだが、電車の行き先は、浅草線とは関係のない「成田空港」「印西牧の原」「印旛日本《いんばにほん》医大《いだい》」など。成田空港はもちろん分かるが、印西牧の原と印旛日本医大は耳慣れない駅名だ。どんな駅だろう？　いつか行ってみようと常々思っていた。

「お待たせしました。お預かりのカメラの修理が完了しました」。サービスセンターから電話が来たのは午前10時だった。今日は他に予定がない。そうだ、今日こそ、未知の駅に行ってみよう。銀座でカメラを受け取ると、その足で、東銀座駅から都営地下鉄浅草線に乗車した。12時38分発の「印旛日本医大」行きだった。

まず都営地下鉄浅草線を北上する。といっても地下鉄なので北に向かっている実感はないが、いつもなら乗り換える東日本橋駅を通り過ぎると、旅気分が盛りあがってきた。蔵前、浅草、本所吾妻橋など江戸情緒あふれる駅名を通り過ぎ、押上を過ぎると地上に出た。東京スカイツリーが青空に突きささらんばかりだ。

空が広く感じられる印西牧の原

都営浅草線は押上まで、この先は京成押上線に乗り入れる。青砥《あおと》で京成電鉄本線に合流し、次の京成高砂駅で乗務員が交代した。いよいよこの先が、北総鉄道というわけだが、実はこの電車の始発駅は、羽田空港である。ということは、京浜急行、都営地下鉄、京成電鉄、北総鉄道と4社を直通する電車というわけだ。

北総鉄道に乗り入れると速度がグンと上がった。成田空港と都心を直結する「成田スカイアクセス線」の一部である。時折、特急「スカイライナー」とすれ違う。その速いこと!

さて途中下車だが、終点の印旛日本医大駅まで行くつもりが、その一つ手前の印西牧の原駅で下車した。なぜなら、観覧車が目に入ったからだ。

「初めての土地ではまず高い所に上れ」のセ

アメリカの西部を思わせる風景の中、京浜急行1000形が駆け抜ける

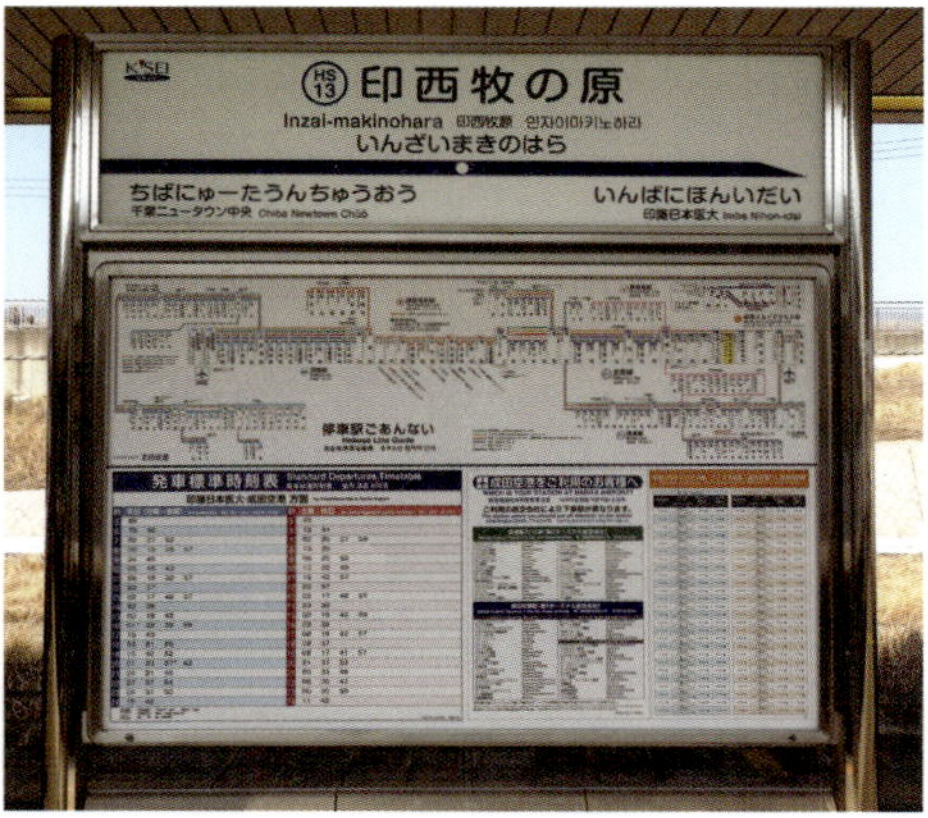

駅名が非常に長いのが北総鉄道の特徴の一つ？

オリーにしたがって観覧車に乗ってみれば、眼下には地平線まで続く大地が広がった。日本離れしたスケールにアメリカの西部に来たような気がした。

複雑なるスカイアクセス——成田高速鉄道アクセス◉成《なり》田《た》湯《ゆ》川《かわ》駅（千葉県）

「成田高速鉄道アクセス、いわゆる成田スカイアクセス線の成田湯川駅は?」」。当コラムは沖縄の「ゆいレール」壺川駅を皮切りに、ＪＲを除く全国の私鉄駅に途中下車する旅を連載してきたが、回を重ね残り6鉄道となった。リストを鉄道に詳しい友人に見せたところ、成田スカイアクセス線が漏れているのでは、と、指摘されたのだ。

全国の私鉄リストは、ＪＲ時刻表の「会社線」欄を参考にしてきた。そこには「北総鉄道」と「成田スカイアクセス」が併記されていた。私はてっきり、北総鉄道が正式名で成田スカイアクセスは愛称だと思い込んでいた。ところが友人曰く、北総鉄道は印旛日本医大駅まで、その先は成田高速鉄道アクセスと成田空港鉄道なのだそうだ。ややこしいが事実なら乗りに行くしかない。

かくして土曜の昼下がり、東京駅にて所用を終え成田に向かう。東京駅からなら「成田エクスプレス」が順当だが、成田高速鉄道アクセスが目的なので、八重洲口から徒歩10分ほどの都営地下鉄浅草線宝町駅へ。地下ホームに降りると、次の列車表示は「ＰＡＳＳ」だった。嫌な予感がしたが、しばらくして成田空港行き「アクセス特急」が通過して行った。実は、宝町から乗ろうか、日本橋か迷ったが、ほんのちょっと宝町が近かった。けれども「アクセス特急」は宝町には

成田湯川駅に停車する京急線始発の「アクセス特急」成田空港行き

停まらない。停車駅の日本橋に行っていたら乗れたはずだ。

次に来たのは快速佐倉行き。佐倉は京成線方面なので京成高砂駅で乗り換えとなる。その次に来たのは、よりによって各駅停車の印旛日本医大行きだった。前述した通り、印旛日本医大までが北総鉄道、その先が成田高速鉄道アクセスなのだ。結局、印旛日本医大駅でも23分待って、ようやく成田湯川駅にたどり着いた。

だが駅に、「成田高速鉄道アクセス」の文字はなく、駅名も駅員さんも「京成電鉄」だった。理由を尋ねてみれば、京成電鉄、成田空港、千葉県など色々なところが出資していて「私にも、ようわからんのです」とのこと。その脇を在来線では国内最速の160キロで京成特急「スカイライナー」が駆け抜けて行った。

在来線最速のスカイライナー。印旛日本医大～成田湯川間

「京成電鉄」はあっても「成田高速鉄道アクセス」の文字はなし

260円でリゾート気分——舞浜リゾートライン◉東京《とうきょう》ディズニーシー・ステーション駅（千葉県）

東京ディズニーリゾートの最寄り駅はJR京葉線の舞浜駅だが、東京駅から乗る際は、10分前には着くよう心掛けている。なぜなら、駅名こそ同じ東京駅だが、京葉線ホームは遠い上に地下5階と深く、以前特急に乗り遅れたことがあったからだ。

あまりに口惜しくて、後日ストップウォッチ片手に中央線ホームから京葉線ホームまで計ってみた。足早な歩調で9分45秒かかった。そこで本日は十分余裕をもって京葉線ホームに向かう。途中、動く歩道で修学旅行の高校生らが、「走らんば！」と言いながら私を追い抜いて行った。

ミッキー型車窓より園内を望む

東京駅を発車した京葉線はしばし地下を進むが、潮見駅の手前で地上に顔を出すと、そのまま見晴らしのいい高架線に駆け上がる。右手に東京ゲートブリッジ、左手には東京スカイツリーを眺めつつ新木場に到着。木の香漂う駅である。発車すると、荒川を渡る橋に差しかかり車窓いっぱいに東京湾が広がって葛西臨海公園着。

ここまで来ると右手前方にディズニーランドが見えはじめ

ディズニーリゾートのホテルをバックにS字カーブを行く

る。子どもたちはもうそわそわ。実は私も落ち着かない。そして、「ディズニーランドだ！」子どもらの歓声と同時に舞浜駅に滑り込んだ。

この日、我々の目的地は、東京ディズニーシーだった。舞浜駅前のリゾートゲートウェイ・ステーションより、モノレール「ディズニーリゾートライン」に乗車する。全長5キロの環状線で、４つの駅に停車し、13分間で一周する。運賃は一律２６０円。スイカやパスモ対応だ。

発車すると右手に東京ディズニーランドホテルが、左手にはシンデレラ城が現れた。車窓と吊り革はミッキーマウスの形で、それだけでも童心に返してくれる。

東京ディズニーランド・ステーションを過ぎるとホテルが建ち並ぶベイサイド・ステーションへ。「ディズニーリゾートライン」は、アト

ディズニーシーの客船「コロンビア号」をバックに走るリゾートライナー

跨座式モノレールで車体カラーは5色ある

ラクションの一つだと思っていたが、ホテルの従業員ら定期客も利用する公共交通機関であった。260円でリゾート気分が満喫できるわけだが、環状運転だからといって連続して何周も乗ることはNG。一定の時間が経過すると自動改札が、ピンポーン！

ギネスの懸垂式モノレール
——千葉都市モノレール◉県庁前《けんちょうまえ》駅（千葉県）

「成田エクスプレス」に乗って、ＪＲ千葉駅を通過する際、いつも気になっていた乗り物がある。頭上、それもかなりの高みを走る「千葉都市モノレール」だ。千葉駅前だけではない。総武本線の都賀《つが》駅前、京葉線の千葉みなと駅前にもモノレールは現れる。一体どんなルートを走っているのだろうか。これまで一度も乗ったことがなかっただけに興味津々だ。

県庁前駅。ちなみに県知事は森田健作！

県庁所在地かつ政令指定都市というのに、大多数の「成田エクスプレス」は千葉駅を通過してしまう。そこで快速「エアポート成田」に乗って千葉駅へ。快速とはいえ、東京〜千葉間の停車駅は8駅を数え、しかも途中で「成田エクスプレス」に抜かれて41分かかった。

千葉に住む友人が嘆いていたことを思い出す。「成田エクスプレスが千葉に停まってくれたら東京駅まで25分なのに……」

さて、ＪＲ千葉駅の頭上を走るモノレールの千葉駅は、やはりＪＲ千葉駅の上にあった。長いエスカレーターを乗り継ぎモノレールの千葉駅へ。

ここからは、千城台《ちしろだい》、千葉みなと、県庁前の3方向に路線が伸びてい

道路上の非常に高い位置を走る。懸垂式だけに宙を進む気分

るが、タイミングよく入線したのは県庁前行きだった。もちろん今日一日で全線に乗るつもりだが、まずは県庁前行きに乗車する。モノレールなのに、「この電車は県庁前行きです」とアナウンスが流れ、ドアが閉まり発車！

駅の中を走る間はどうということもなかったが、駅から出た瞬間、いきなり空中に投げ出されたかのようで、ちょっとだけ足が震えた。いわゆる高所恐怖症だ。それもそのはず。千葉都市モノレールは、車体が高架レールにぶら下がる懸垂式なので、車両の下には車輪も何もない。しかも千葉駅周辺がもっとも高く、ビルの7階に相当する高さだそうだ。したがって眺望も抜群だが、その分、怖い人には怖いのである。

ちなみに営業キロは15・2キロ。世界最長の懸垂式モノレールとしてギネス公認である。

県庁前駅に停車中。レールや動力部が上にあるのが懸垂式の特徴

運転席より道路を見下ろす。渋滞もスイスイ

千葉駅を発車し最初の停車駅は栄町、次は葭《よし》川《かわ》公園《こうえん》、そして終点の県庁前で下車してみれば、駅前の建物は文字通り千葉県庁である。森田健作知事は、今も「青春」を執務中であろうか？

ディーゼルカーの走る里——小湊鐵道◉飯給《いたぶ》駅（千葉県）

都心から最も近いローカル私鉄の一つが小湊《こみなと》鐵道である。茨城県の関東鉄道とともに、電車ではなく、ディーゼルカーが主役の非電化私鉄だ。関東と小湊、どちらがよりローカルかといえば、私は小湊鐵道に軍配を上げたい。なぜなら関東鉄道は大多数の車両が最新の高性能車だが、小湊鐵道では1961（昭和36）年製から新しくても77年製まで、つまり昭和の車両が大切に使われているからだ。

木製だけに少々痛々しい駅名板

東京駅地下ホームから快速君津行きに乗っておよそ1時間で五井《ごい》駅に到着。隣のホームで、クリームとオレンジ色のツートンカラーのディーゼルカーが発車を待っていた。小湊鐵道の列車だ。快速電車は長い15両編成で車体カラーはクールなステンレス色。その点、小湊鐵道は短い2両編成ながら暖かな塗色である。

やがて発車時刻となり、足下のエンジンがブルルンと唸り声をあげると、ディーゼルカーは車体を小刻みに震るわせながら走り出した。最新の電車の場合は、すこぶるスムーズに加速するが、ディーゼルカー、そ

桜と菜の花満開の飯給駅を発車する昭和生まれのディーゼルカー

れも昭和生まれのオールドファッションはスムーズとは言い難い。けれどもそれがいかにも力走している感じで応援したくなる。

最近ではディーゼルカーでも「この電車は……」と放送する車掌がいるご時世だが、小湊鐵道では、「この列車は上総中野行きです」と、正しいアナウンスであった。

五井を発車すると、しばらくの間は市街地が続くが、ユニークな駅名の海士有木《あまありき》を過ぎると田畑も現れ、上総牛久から先は山が迫り、農家が点在する鄙びた風景が広がった。東京駅から1時間半とは思えないローカルな風情に、思わず途中下車したくなる。上総のつく駅が4つ続いて高滝神社最寄りの高滝駅、菜の花が見事な里見駅、簡単には読めない飯給《いたぶ》駅……。

結局、ソメイヨシノが見事な飯給駅で途中下

水田に映る夜桜も美しい飯給駅に停車する上総中野行き最終列車

トタン屋根と木の改札口。昭和の駅ここにあり

車した。今宵は田圃で夜桜を愛でるとしよう。

ところで、小湊鐵道ながら小湊駅はまだない。1927（昭和2）年に上総中野駅まで開通したところで資金難のため工事は頓挫したまま。小湊鐵道の名の通り、安房小湊までの全線開業は、春の夜の夢？

故郷のディーゼルカー——いすみ鉄道◉大多喜《おおたき》駅（千葉県）

故郷は長野県の小海線沿線という私にとって、幼い頃の思い出の列車といえば、ＳＬが牽引する「八ヶ岳高原号」や、キハ52形ディーゼルカーのローカル列車だった。もっとも当時はＳＬという呼び方ではなく、汽車であり、ディーゼルカーはヂーゼルだった。ヂーゼルことキハ52は１９５８（昭和33）年に誕生している。小海線への導入は60年代の初めと記憶しているが、日の丸の小旗を手に中込機関区まで見学に行った日のことをよく覚えている。小学１年生か２年生だったか。

それから半世紀後の今日、小海線はもちろん、ＪＲの路線上にキハ52の姿はない。２０１０（平成22）年３月、大糸線を最後に引退したのだ。もう二度とキハ52には乗れないはずだった。ところがその中の１両が、いすみ鉄道で見事復活した。私は矢も楯もたまらず、東京駅から特急「わかしお３号」に飛び乗った。

右に東京湾を眺めつつ京葉線を駆け抜け、さらに外房線を快走し、10時12分、いすみ鉄道乗り換え駅の大原駅に降り立つ。いすみ鉄道のホームでは、10時39分発の菜の花色のディーゼルカーが発車を待っていた。けれどもこれには乗らない。その次の列車が土曜休日運転のキハ52なのだ。

笑顔で列車を見送る駅員さん。もちろん、「また乗りに来ます！」

待つこと40分。朱色にクリーム色のツートンカラーも懐かしいキハ52は到着した。折り返し11時12分発の大多喜行き急行となるのだが、ヘッドマークは「準急さざなみ」である。「急行なのに準急？」野暮なことは言うまい。これは往年の房総名列車のリバイバル。いすみ鉄道ならではのサービスというわけだ。

車内に入る。紺色のボックスシート、４枚羽根の扇風機、テーブル下にはセンヌキもある。何もかもが懐かしい。瞬く間に11時12分となり、発車！

床下のディーゼルエンジンが唸りをあげる。靴底にヂーゼルの鼓動がじかに伝わってくる。50年前の故郷小海線にタイムスリップするかのようだ。

田植え前の田園地帯を力走すること40分、キハ52はこの列車の終点、大多喜駅に到着となった。ホームで待ち構えていたのは、鳥塚亮いすみ鉄道社長。キハ52を復活へと導いたその人である。

キハ52と鳥塚亮いすみ鉄道社長

デジタルなぞ皆無。100%
アナログのキハ52運転台

小テーブルにはセンヌキ

キハ52の車内。この空間だけは今もなお「昭和」が時を刻み続けている

醤油の香り――銚子電気鉄道◉犬吠《いぬぼう》駅（千葉県）

都心から千葉県東端の銚子に向かう路線は二つある。総武本線と成田線だ。順当なルートは東京駅から特急「しおさい号」が直通する総武本線（東京〜銚子120・5キロ）だが、佐倉で分岐する成田線も見逃せない。133・9キロと遠くなるが、銚子までは「東京近郊区間」なので、どちらを経由しても運賃は総武本線経由が適用される。だから、というわけでもないが、本日は成田線で行くことにした。

成田までは特急「成田エクスプレス」と頻繁にすれ違う幹線だったが、その先は単線となりローカルな車窓風景が広がった。滑河《なめがわ》で利根川の堤防が現れるとその先は、佐原、香取、水郷駅と広々とした穀倉地帯を行く。利根川の恵みである。

松岸駅にて佐倉で別れた総武本線と再び合流。ヒゲタ醤油の工場を右に見て終点銚子駅に到着した。ホームに降り立てば、どこからともなく懐かしい匂いが流れてきた。醤油の香りだ。呼応するかのように腹の虫がグーッと鳴いた。

ポルトガル宮殿様式の犬吠駅舎

犬吠駅に停車する元京王2010系。京王帝都、伊予鉄道を経て銚子電鉄へ

銚子といえば、全長6・4キロのミニ私鉄、銚子電鉄がある。ここまで来たら乗らないわけにはいかない。2番ホームの先端で待っていたのは元京王電鉄の2010系ではないか。私事で恐縮だが私は京王沿線の住人。それだけに懐かしさもひとしおというわけだ。

最初の停車駅は仲ノ町。車庫がありこれまた懐かしの元営団地下鉄丸ノ内線の電車が停車している。その後ろはヤマサ醤油の工場である。いい香りに再び腹の虫が騒ぐ。何とかしなければいけない。次の観音駅はたい焼きで有名だが、それは後の楽しみに取っておいて、まずは銚子特産の醤油を生かした海鮮料理といきたい。それなら犬吠埼。あとちょっとの辛抱だ。

NHK朝の連続テレビ小説「澪《みお》つくし」の舞台となった本銚子駅を過ぎ、笠上黒生《かさがみくろはえ》駅で上り電車と交換すると、畑の向こうに太平洋が現れた。ほどなく犬吠駅に到着し、ここで途中下車する。犬吠埼で海鮮ランチという魂胆だが、犬吠駅でも醤油の香ばしい匂いに包まれた。銚子電鉄名物ぬれ煎餅を焼く香りだ。ぱくつきながら犬吠埼灯台に向かう。本日の土産はぬれ煎餅で決まり！

犬吠埼灯台。犬吠駅より徒歩10分

犬吠駅の一駅先が終点の外川駅。木造駅舎や赤い郵便ポストも懐かしい

クリスマスプレゼント——京浜急行電鉄◉YRP野比《わいあーるぴーのび》駅（神奈川県）

品川駅から京浜急行の「快特」三崎口行きに乗車する。嬉しいことに、運転席のすぐ後ろの特等席に着席できた。運転士が「出発進行快特！」と、信号機を指差し、発車！　快特とは京浜急行で一番速い「快速特急」のこと。それだけに目の前の運転士が、すこぶる凛々しく格好よくて眩しい。

実は小生、鉄道高校時代に京浜急行で駅務実習の経験がある。今から40年以上前の話だが実習は、北馬場《きたばんば》、南馬場、青物横丁、鮫洲《さめず》の４駅だった。「北馬場？　南馬場？」という声もあろうが当時は別々の駅だった。それが高架工事に伴い１９７５（昭和50）年に下り線が先に統合され「北馬場・南馬場駅」に、翌年には工事が完了し、現在の「新馬場駅」に改称されたのである。

YRP野比を平仮名で書くとアニメの世界!?

ともかく私にとっては青春時代の思い出多き京浜急行なのだ。関東の私鉄では数少ない線路幅の広い標準軌であり、スピードも当時からずば抜けて速かったし、鮮やかな赤の車体色が昔も今も変わらないのも嬉しい。

YRP野比駅で顔を合わせた京浜急行のスプリンター2100形と1000形

最高時速120キロの「快特」前面展望を満喫し品川駅より53分で京急久里浜駅に到着。同区間を走るライバル横須賀線が1時間以上要していることを思えば大健闘である。ところが京浜急行の韋駄天振りもここまでで、京急久里浜駅を発車すると足下の線路は単線になった。

不思議なもので、品川、川崎、横浜、横須賀では都会のスプリンターだった京浜急行が、ローカル線に変身したかのようで、これまた魅力的である。

単線区間に入り最初の駅が「YRP野比駅」。ちなみにYRPとは「横須賀リサーチ・パーク」の頭文字だが、アルファベットを冠したユニークな駅名にも誘われて途中下車し、鉄道模型を通じて知り合ったジオラマ作家、諸星昭弘さんの工房「オモロデザイン」を訪ねる。

鉄道模型ジオラマ作家の諸星昭弘さん

「遊びすぎ注意！」の看板も楽しい諸星さんのスタジオはYRP野比駅より徒歩約5分

ＹＲＰ野比駅から閑静な住宅街を歩くことおよそ5分。「遊びすぎ注意！」の看板が飛び込んで来た。諸星さんの工房だ。工房内ではただ今、畳三畳大のヨーロッパ型ジオラマを制作中。鉄道模型を手にする諸星さんの笑顔がまたいい。これは素晴らしいクリスマスプレゼントになるぞ！

ブルー&グリーン——横浜市営地下鉄◉センター北《きた》駅（神奈川県）

横浜中華街でランチを楽しんだ後、関内駅より横浜市営地下鉄ブルーラインあざみ野行きに乗車する。ステンレスのボディには、アクセントの青いラインがきりり。なるほど、ブルーラインだ。ランチビールのほろ酔いも手伝って、思わず、いしだあゆみの「ブルー・ライト・ヨコハマ」が口を衝いて出そうになったが、狭い車内では迷惑なのでやめておいた。その代わり、スマホで検索してみれば、１９６９（昭和44）年のヒット曲である。ということはもう45年！　年を取るわけである。

横浜市営地下鉄のYエンブレム

地下鉄は景色が見えない分、楽しさに欠けるので勢いスマホとにらめっこになるものだが、嬉しいことに北新横浜駅を過ぎると地上に顔を出した。周辺は住宅、マンション、学校などが点在する典型的な郊外だが、緑なす丘陵地もまだ多く、ほっとさせてくれる。

地上に出て最初の停車駅が新羽駅。関内駅でもらった市営地下鉄の路線図にはルビがなく、どう読むのかイマイチ疑問だった。きっと「しんう」だろうと思い込んでいた。ところが正解は「にっぱ駅」。年は取っ

センター南駅より北駅を望む。この区間はブルー＆グリーンラインが並走

快走するブルーライン。背後の三角屋根が横浜市歴史博物館

てもまだ勉強不足である。

アナウンスが流れた。

「次はセンター南です。グリーンラインはお乗り換えです」。かつて、横浜市営地下鉄は1号線、3号線など数字の路線名だったが、2008(平成20)年に4号線が開業し、直通する1、3号線はブルーライン、4号線はグリーンラインと命名された。ちなみにカラーによる路線名は海外には多いものの、我が国では横浜市営地下鉄が初である。

センター南駅を発車したブルーラインは、しばしグリーンラインと肩を並べて走った後、センター北駅に停車した。私はここで途中下車し駅近くの横浜市歴史博物館へ。かねてより調べたかったことがあったからだ。

それは神奈川湊と横浜港の歴史などだが、思わぬ展示物が飛び込んできた。モノクロ写真と蝋人形からなる「関外」の風景だった。最初は関外の意味がわからなかったが、解説を読むうちに、幕末の横浜港開港当時、関所が設けられ関内と関外とに分けられていたことを知る。先ほど関内駅から乗車しただけに関外、いや感慨もひとしお。

大さん橋最寄り駅——横浜高速鉄道◉日本大通《にほんおおどお》り駅（神奈川県）

横浜港に帰港中の日本最大のクルーズ客船「飛鳥Ⅱ」より、「ロイヤル・スイート・ルームに最新マッサージチェア設置。見学にいらっしゃいませんか?」との案内が届いた。マッサージチェアもさることながら、ロイヤル・スイートは、飛鳥Ⅱのキャビン総数436室中、わずか4部屋しかない最高級ルーム。そちらの方が興味津々だ。そこで、いそいそと横浜港大さん橋へ向かった。

大さん橋には思い出も多い。まだ海外旅行など夢だった学生時代、何度も行ったものだ。イギリスの豪華客船「クイーン・エリザベス2世号」が入港すれば見物に行き、先輩がナホトカ航路とシベリア鉄道でソ連に旅立つといえば見送りに。そして何もなくても外国の香を嗅ぎたくて、もう動くことのない「氷川丸」を眺めに行ったものである。

大さん橋へのルートは決まっていた。渋谷駅から東急東横線で桜木町へ。そこからバスか徒歩だった。それが一番安かったからでもある。

そんなことを思い出しつつ渋谷駅に行きかけてから、慌てて新宿三丁目に行き先変更する。今春より東急東横線と地下鉄副都心線が直通運転を開始し、渋谷まで行かなくとも東横線に乗れる

みなとみらい線日本大通り駅の入口。背後は神奈川県庁本庁舎

ようになったからだ。

　新宿三丁目駅から乗った急行「元町・中華街行き」は、東急でも東京メトロでもなく東武鉄道の車両だった。それも始発駅は埼玉県の森林公園駅。東武東上線、東京メトロ副都心線、東急東横線、そして横浜高速鉄道みなとみらい線の4鉄道4路線を貫き、88・6キロをロングランする。

　それにしても森林公園発国際港行きとは！しかも、かつての東横線の終点桜木町駅は最早存在しない。横浜への行き方も変わったなと思う。

　新宿三丁目からは45分ほどで地下駅の日本大通り駅に到着した。駅名には「県庁・大さん橋」と付記されている。横浜DeNAベイスターズの看板も賑やかなホームから地上に出ると

日本大通り駅に停車する急行「元町・中華街行き」。車体はベイスターズカラー

潮風が頬をなでる。潮風に向かって行けば大さん橋だ。

いたいた！　白亜の豪華客船「飛鳥Ⅱ」。ロイヤル・スイートにて、しばし、豪華クルーズの夢を見させてもらおう。

横浜港大さん橋に入港した日本最大の豪華客船「飛鳥Ⅱ」

駅前はブロッコリー畑

——相模鉄道◉ゆめが丘《おか》駅（神奈川県）

東京西郊の多摩に自宅があるので、横浜から帰宅する際はよく相模鉄道（以下、相鉄）を利用する。ルートは相鉄本線で大和へ、小田急江ノ島線に乗り換え新百合ケ丘、そして小田急多摩線だ。

相鉄には、いずみ野線もあるが、そちらは途中までしか乗ったことがなかった。路線図を見れば終点の湘南台駅で小田急江ノ島線に連絡している。そこで本日は気分を変え、相鉄いずみ野線経由で帰宅することにした。

オレンジ&ブルーの相鉄ロゴタイプ

横浜駅から乗ったのは、11時42分発の各駅停車湘南台行き。その1分前に発車する特急の湘南台行きもあったが、どこか気に入った駅で途中下車しようと各駅停車にした。

10両編成で5号車と8号車が4人向かい合わせのセミクロスシートになっている。「これはいい！」と、そこに座った途端、横浜駅で「シウマイ弁当」を買わなかったことを後悔した。窓を背にして座るロングシートでは、駅弁を食べる気にはならないが、ボックス席で空いている時間帯なら俄然食欲がわく。事実、特急は混雑していたが、各停は空いて

アーチ屋根が印象的な、ゆめが丘駅

いた。

西横浜駅を過ぎると、今まさに工事中の高架橋が現れた。まるで工事現場の中を走る気分だが、「相鉄前進」と題した中吊り広告が、JR線・東急線との直通工事、連続立体交差工事の進捗状況を伝えている。相鉄はこれまで自社線内のみの運行だったが、3年後には直通運転が始まるのだ。

二俣川駅で本線と別れ、いずみ野線に入る。高架鉄道となり、トンネルも多く車窓風景も一変した。緑園都市、弥生台、いずみ野と新興住宅地を走るが、それもいずみ中央まで。その先には富士山を望む田園が広がった。

シンボリックな白いアーチ橋を渡ると、これまたシンボリックな青いアーチ屋根の駅に停車した。ゆめが丘駅だ。ネーミングに誘われて途

ゆめが丘駅前に広がるブロッコリー畑。その先には雑木林も残る

駅前のJAハマッ子に並ぶ
採れたてブロッコリー

中下車してみれば、駅前はブロッコリー畑と雑木林が広がる。コンビニやファストフード店などは見当たらない。駅から一番近い店が、ＪＡ横浜ファーマーズマーケット「ハマッ子」だった。店内には白菜やほうれん草、大根など朝採り野菜がずらりと並ぶ。私はまだ朝露が残るブロッコリーを３つ購入した。

野島の夕照《せきしょう》――横浜シーサイドライン◉八景島《はっけいじま》駅（神奈川県）

横浜ランドマークタワーで行われていたラジオ番組の収録が予定よりも早く終わった。ランドマークタワーのＦＭスタジオからは眼下に横浜港、その先には東京湾、さらに三浦半島や房総半島までよく見える。それゆえ、仕事が終わったら海に行きたいと思っていたのだ。

今日はラッキーとばかりに、ランドマークタワー最寄りの桜木町駅からＪＲ根岸線に飛び乗る。赤レンガ倉庫や山下公園なら、歩いても行けるほどだが、もう少し遠くの海まで行きたくなったのだ。けれども季節は冬なので日没は早く三浦や房総は土台無理というもの。頑張って江の島という午後2時半過ぎだった。

根岸線は終点の大船目指して走る。大船駅からは湘南モノレールで江の島に直行できる。頭の中でミニトリップコースが組みあがりつつあった。

ところが、山手、根岸、磯子駅と根岸線を各駅停車で進み行く間に、

「次は新杉田です。横浜シーサイドラインはお乗り換えです」というアナウンスが流れた。その瞬間、私は膝を叩いた。江の島もいいが、金沢八景を忘れていた。以前、八景島に行った時は曇天で夕日が拝めなかったことを思い出したからだ。

野島の夕照を浴びながら快走するシーサイドライン。市大医学部～八景島間

かくしてシーサイドラインの客となる。新杉田と金沢八景を結ぶ全長約11キロの新交通システムだが、今年で25周年。25年でも「新」交通かと思ったが、「新」幹線は50年なのだから、うるさいことは言わずもがな。

それより、新杉田駅を発車しても、なかなかシーサイドラインとはいかなかった。なぜなら海はちらほら見えてはいるが、海岸まで距離があり、建物に視界を遮られてしまうのだ。鳥浜、幸浦、福浦などといかにもシーサイドらしい駅名もあるが、イマイチ海まで遠い。

けれども、市大医学部駅を発車すると、ついに前方に海原が広がった。海岸線ギリギリどころか、海上を走る区間もある。そして、あたかも海上に造られたかのような八景島駅で途中下車。折しもサンセットタイムとなり、「野島の夕照」を満喫することができた。野島の夕照とは、歌川広重によって描かれた「金沢八景」の一景で、最寄り駅は、その名も野島公園。

江の島へ最短ルート――湘南モノレール◉湘南江の島《しょうなんえのしま》駅（神奈川県）

海のない長野県に生まれ育った私にとって、海は子どもの頃から憧れの的だった。なぜなら、長野の川魚は大きくても鯉までだったが、海にはマグロもいればクジラもいる。海のある県が羨ましくてならなかった。

１９６８（昭和43）年、中学3年の修学旅行先は関東だった。2泊3日の旅程で1泊目は江の島、2泊目は東京泊だった。江の島に行ったのはこの時が最初である。宿泊先は「洗心亭」だったと記憶している。宿の窓からヨットハーバーが見え、加山雄三の「光進丸」がいないか探しに行ったものだ。そんなことを思い出していると、無性に江の島に行きたくなり、新宿駅から「湘南新宿ライン」逗子行きに飛び乗った。

湘南新宿ラインの行き先は東海道本線の小田原方面と、横須賀線の逗子方面がある。この電車は逗子行きなので鎌倉で下車し「江ノ電」に乗り換えだな、と頭の中で江の島へのルートを描く。もしも小田原行きだったら藤沢乗り換えなので江の島には多少早く着いたのに……とも思う。その時、車内放送が「間もなく大船です。湘南モノレールはお乗り換えです」と告げた。

私は「そうだ！」とつぶやき大船駅で下車した。江の島への最短ルート「湘南モノレール」を失念していたのである。

かくして湘南江の島行きモノレールに乗車する。こうなったら一刻も早く江の島に行きたい。モノレールは期待に応えてくれるかのように、渋滞中のクルマを眼下にスイスイ走る。鎌倉独特の起伏の多い丘陵地ゆえアップダウンの大きなコースだ。その分、スピード感も大きい。一方、車内は観光客というよりも、ちょっと買い物といった感じの地元の人や、学校帰りの高校生が大半だ。

湘南町屋駅前の道路上をスイスイ走る懸垂式の湘南モノレール

モノレールとしては珍しい鎌倉山トンネルを抜け、しばらく進むと左手眼下に碧い海が広がった。相模湾だ。けれども海が見えたのはわずか一瞬で、再び片瀬山トンネルに吸い込まれる。トンネルの闇を抜けたところが終点の湘南江の島駅だった。
江ノ電の踏切を渡り、商店街を進むと、道路の先に待望の江の島が現れた。その瞬間、言いようのないものがこみ上げてきて、駆け出していた。

台灣的各位、歡迎到鎌倉！——江ノ島電鉄◉腰越《こしごえ》駅（神奈川県）

江ノ電こと江ノ島電鉄の始発駅は藤沢か鎌倉である。どちらから乗っても楽しいが、ちょっと前までは、東京駅から東海道線に乗るか、横須賀線に乗るかによって始発駅は自ずと決まった。ところが最近、事情が変わってきた。私のように新宿駅から湘南新宿ラインに乗ろうとすると、東海道線直通と横須賀線直通とが交互に来るので、タイミングによって江ノ電の始発駅も変わってくるのである。いささか他力本願な乗車法ではあるが、たまたま横須賀線直通の逗子行きだったので鎌倉駅にて下車した。

台湾との乗車券交換はユニークかつ国際的！

まずは江ノ電の窓口で「のりおりくん」を購入する。江ノ電乗り放題の1日乗車券（580円）である。その窓口にて、「台灣的各位、歡迎到鎌倉」のポスターが目に飛び込んできた。「江ノ電＋平渓《へいけい》線（台湾）乗車券の交流始まる！」とある。

台湾に江ノ電「のりおりくん」（使用済み）を持参すると平渓線「1日周遊券」がもらえ、日本では「平渓線1日周遊券」（使用済み）を窓口に持参すると「のりおりくん」がもらえるという国際観光キャンペーンである。

腰越の商店街を行く江ノ電

私は思い出した。昨年、平渓線に乗ったことを。「あ、平渓線の切符あります。でも、家なんです」

窓口氏は困り顔で言った。

「持参していただかないことには……」。よほど取りに戻ろうかと思ったが、諦めた。なぜなら鎌倉～新宿間は片道でも890円かかるのだ。なお、このキャンペーンは3月31日までである。

ちょっぴり落胆した私を乗せて江ノ電は発車した。鎌倉大仏最寄りの長谷駅を過ぎると間もなく極楽洞トンネルだ。真っ暗な入口が恐ろしげだが、江ノ電唯一のトンネルとあって、恥ずかしながら、いつも楽しみにしている。

トンネルを抜けると、そこは極楽寺駅。誰が名付けたか極楽寺とは最高のネーミングだ。右手に、電車が休む極楽寺車庫をちらりと眺め、稲村ヶ崎駅を過ぎると、左手に待望の海が広がった。相模湾だ。七里ヶ浜、鎌倉高校前と過ぎゆくうちに、江ノ島が近づいてきた。民家の軒先を掠めるようにして腰越駅に到着。私はここで途中下車。腰越名物「しらす丼」が待っている。

腰越の海岸を行く江ノ電300形。1960年デビューの現役最長老電車

白い軍手がよく似合うクラシックなブレーキ弁

新型登山電車アレグラ号

箱根登山鉄道◉強羅《ごうら》駅（神奈川県）

天下の険、箱根の山を走る箱根登山鉄道に、25年振りの新型登山電車がお目見えした。その名は、「アレグラ（ALLEGRA）号」。はて意味は？　辞書を引いてみたものの、このスペルは見当らない。もっとも近いのが、イタリア語の「アレグロ（ALLEGRO）」だが、意味は「快速に」。登山電車に快速は似合わないので明らかに違う。けれども箱根に行けば疑問は解けるはず。と、小田急ロマンスカーに乗って箱根湯本を目指した。

「アレグラ号」のデビューは11月1日だが、今日は嬉しいことに試乗会。一足お先の乗車である。

箱根湯本駅に到着すると、すでにピッカピカの箱根登山電車3000形「アレグラ号」は入線していた。鮮やかなオレンジ色の車体が眩しい。居合わせた箱根登山鉄道のスタッフが、「バーミリオン箱根色です」と教えてくれる。箱根の緑に映える色だと思う。ほどなく、

「試乗会ご参加の皆様は、どうぞご乗車ください」

という案内が流れて、いざ、車内へ。まず大きな窓ガラスに驚きの声をあげた。運転席の窓ガラスも大きいが、その背後のドア付近などは、なんと床から天井の近くまで大きな一枚ガラスだ。

出山の鉄橋を渡るアレグラ号。ワイドなガラス窓から箱根の眺望を満喫

10時57分、発車を告げるチャイムが鳴って箱根湯本駅をスタートする。いきなり1000分の80、つまり1000メートル進む間に80メートル上昇する急勾配に差しかかる。アプト式など特殊な装置を用いない鉄道としては日本一、いや世界でも最大級の急勾配で、鉄のレールと鉄の車輪とがスリップしない限界だそうだ。

最初の停車駅塔ノ沢を過ぎ、トンネルに入るとアナウンスが流れた。

「間もなく出山《でやま》鉄橋です。眼下は早川で水面からの高さは約43メートルです」

鉄橋に差しかかると、車窓いっぱいに大峡谷が広がった。頭上は「萬丈《ばんじょう》の山」、眼下には「千仞《せんじん》の谷」、まさに「箱根の山は天下の険」である。私は膝を叩いた。床から始まる大きな窓ガラスは、この景色を愛でるためだったのだ。

強羅駅に並んだアレグラ号と金太郎塗り108号。どちらも素敵な登山電車

スイスのレーティッシュ鉄道とは姉妹鉄道の間柄。
実際にサン・モリッツ地方にもアレグラ号が走る

およそ40分で終点の強羅駅に到着すると、スイス国旗が飛び込んできた。箱根登山鉄道はスイスのレーティッシュ鉄道と姉妹鉄道。「アレグラ」とは同鉄道沿線のあいさつの言葉であった。

あじさい銀座——箱根登山鉄道◉宮《みや》ノ下《した》駅（神奈川県）

梅雨空が恨めしい6月だが、梅雨だからこそ美しく咲く花もある。アジサイである。全国にアジサイ名所は数あれども、「あじさい電車」といえば箱根登山鉄道。そこで土曜の朝、小田急線で箱根を目指すことにした。

乗車したのは新宿駅を10時40分に発車する特急ロマンスカー「はこね15号」。小田急ロマンスカーといえば、先頭が二階建てで階下が展望車になっている車両を連想してしまうが、最近では展望席のないビジネス特急タイプも多いようだ。けれども、土休日ダイヤの「はこね15号」は展望席付き。一番前は売り切れだったが、2列目にキャンセルが出て、「ロマンスカーでGO！」気分を満喫することができた。

ロマンスカーの終点、箱根湯本駅に降り立つと、強羅行きの登山電車「サン・モリッツ号」が待っていた。箱根登山鉄道はスイスの世界遺産レーティッシュ鉄道と姉妹鉄道の間柄。そこで「ベルニナ号」「サン・モリッツ号」などの愛称が付けられたというわけだ。

さて、箱根湯本駅を発車し温泉街をしばらく進むと、1000の80の上り勾配に差しかかった。1000メートル進む間に80メートル上昇する急勾配だが、アプト式など特殊な装置を用いない鉄道としては、日本一の急勾配である。

思わず途中下車したくなるような山間の小駅、塔ノ沢駅を過ぎトンネルを抜けると眼下に峡谷が広がった。恐くなるほど急峻な谷である。「♪箱根の山は天下の険」を実感させてくれる眺めだ。

いくつもの鉄橋を渡り、トンネルを抜け、スイッチバックし大平台駅に到着となる。辺りは湯けむり立ちのぼる鄙びた温泉街。ここでも途中下車したくなるが、本日の目的はアジサイなので我慢である。

アジサイの花掠め1950年生まれの104号が行く

登山電車は次の上大平台信号場で三度目のスイッチバック。発車すると水色や紅色、紫色の花が車窓を掠めた。「アジサイだ!」。車内から女性客の嬌声があがり、次いでカメラのシャッター音の嵐。箱根登山鉄道一の「あじさい銀座」に差しかかったのだ。決めた。途中下車は次の宮ノ下駅だ。いつしか私はアジサイの色香に酔っていた。アジサイの別名は「七変化」。何かを惑わすものがある。

大平台〜宮ノ下間の「あじさい銀座」を行く「サン・モリッツ号」

宮ノ下駅にて離合する「あじさい号」（左）とオールドタイマー106号

ロマンスカーで逃避行——小田急電鉄◉小田原《おだわら》駅（神奈川県）

今年は箱根登山鉄道に、新型登山電車が登場することから、報道発表や試運転の撮影などで箱根に行く機会が増えた。都心から箱根の玄関、小田原へのルートには新幹線、東海道線、湘南新宿ラインなどあるが、なんといっても楽しいのは小田急のロマンスカーだ。

この日、新宿駅から乗車したのは、11時40分発の「はこね19号」だった。箱根登山鉄道の入生田《いりうだ》車庫の集合時間は14時なので、２本後の特急でも間に合うが、「はこね19号」にしたのは理由がある。写真のロマンスカー「ＬＳＥ（ラグジュアリー・スーパー・エクスプレス）」に乗りたかったからだ。小田急ロマンスカーにも、通勤用のＥＸＥ、白いロマンスカーＶＳＥ、東京メトロ直通ＭＳＥなど色々あるが、ＬＳＥは１９８０（昭和55）年登場の最古参で現役では唯一となった昭和生まれのロマンスカー。それだけに愛着もひとしおなのである。

指定席は１号車１Ｂ席。ロマンスカーの代名詞とも言うべき羨望の展望席である。ロマンスカーというだけで嬉しいのに、展望席は格別だ。発車と同時に今から34年前の駆け出し時代のことを思い出していた。

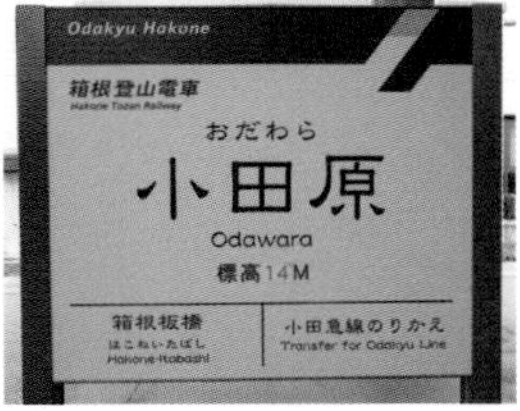

小田急と箱根登山電車の小田原駅

当時は出版社に勤務し、来る日も来る日もスタジオで、物撮り（商品撮影）に明け暮れていた。残業と休日出勤の連続で昼も夜もなかった。いい加減爆発しそうになった時、私は新宿駅からロマンスカーに飛び乗った。デビューしたてのＬＳＥだった。お蔭で小田原に着く前に気分もすっかりリフレッシュ。口笛吹きつつ会社に戻ったものだ。

小田急に乗って逃げてしまおうとは、１９２９（昭和４）年に大ヒットした「東京行進曲」の一節だが、小田急ロマンスカーにも、現実から逃避させてくれる特効が受け継がれているようだ。

特急ロマンスカー「はこね号」憧れのLSE前展望

新宿駅から1時間と12分で「はこね19号」は小田原駅に到着した。私は入生田停車の各駅停車に乗り換えのためここで下車し、終着駅箱根湯本に向かって発車して行くロマンスカーを見送る。バーミリオン・オレンジ色の装いも鮮やかなＬＳＥも誕生からはや34年。「あの日はありがとう！」と、声を掛けた。

甲信越・北陸

大野川を渡る北陸鉄道8000系

越中中村［富山地方鉄道］
岩瀬浜［富山ライトレール］
越ノ潟［万葉線］
穴水［のと鉄道］
粟ヶ崎［北陸鉄道］
上越妙高
［えちごトキめき鉄道］
越中宮崎
［あいの風とやま鉄道］
宇奈月
［黒部峡谷鉄道］
虫川大杉［北越急行］
新潟
新潟
和倉温泉
直江津
犀潟
糸魚川
市振
六日町
妙高高原
湯田中
群馬
高岡
富山
内灘
長野
小布施［長野電鉄］
篠ノ井
欅平
立山
北鉄金沢
富山
上田［しなの鉄道］
別所温泉
長野
倶利伽羅
［IRいしかわ鉄道］
軽井沢
高崎
石川
三国港
永平寺口
［えちぜん鉄道］
新島々
松本
高山
勝山
下之郷［上田電鉄］
岐阜
福井
渕東
［アルピコ交通］
山梨
福井駅前［福井鉄道］
甲府
大月
河口湖
岐阜
米原
静岡
熱海
滋賀
名古屋
愛知
静岡
亀山
三重
津
豊橋
浜松
富士山［富士急行］

5合目まで延伸待望

富士急行◉富士山《ふじさん》駅（山梨県）

梅雨明けとともに心は海へ山へ。そこで新宿駅から飛び乗ったのは中央本線の特急「かいじ号」だった。中野を過ぎて高架に入ると進行方向左側の車窓に富士山が姿を見せた。この付近からだとまだ小さいが、雲もなく富士見日和だ。よし、富士山の近くまで行こう！

　ということで、大月で下車し、富士急行線に乗り換える。自動ではない昔ながらの改札口の向こうで発車を待っていたのは「フジサン特急」だった。富士急には「富士登山電車」や「トーマスランド号」などユニークな車両も多いが、私の一番のお気に入りは「フジサン特急」である。

富士山駅デザインは水戸岡鋭治

　理由は2つある。まず最初に、「フージー」「フジ三兄弟」「ミスターフジ」など、100種類ものフジサン・キャラがラッピングされていること。これはもう眺めているだけで楽しくなる。

　もう1つの魅力が先頭車両のパノラマ展望車。その名も「フジテンボー」。憧れの展望料金は特急券300円プラス100円と安価なこともいい。

富士山をバックに快走する初代「フジサン特急」。2016年2月引退

小田急ロマンスカー RSEをベースとした2代目「フジサン特急」

大月駅を発車して5分後、山梨リニア実験線をアンダーパスすると、前方には待望の富士山が現れた。しかも真正面である。ということは展望車の乗客だけの絶景というわけだ。カメラにケータイ、スマホなど、一斉にシャッター音が鳴り渡る。その賑やかなこと。

都留《つる》文科大学前に停車し、三つ峠駅を過ぎると線路は右に左にカーブを切る。富士山も右に左に忙しく移動する。そして下吉田駅通過の際、展望車の少年が声をあげた。

「ブルートレインだ！」

彼が指差す方向を見れば、特急「富士」西鹿児島行きが停車、いや展示されていた。特急「富士」も、西鹿児島という駅名も実に懐かしいが、富士急行沿線で再会するとは。

「まもなく富士山」の案内表示もユーモラス

下吉田駅を発車すると車内放送が流れた。「まもなく富士山、富士山到着です」。富士山という駅名に違和感を覚えるが、昨年の7月1日に富士吉田駅から改称したのである。富士山から一番近い駅とのことだが標高は809メートル。私はせめて富士5合目まで、自動車道ではなく登山鉄道がほしいと願う。スイスには標高3454メートル、富士山の9合目に匹敵する高所まで鉄道が走っているのだから。

なぎさトレイン――アルピコ交通◉渕《えん》東《どう》駅（長野県）

「まつもとぉー、まつもとぉー」。語尾の長いアナウンスに迎えられ、特急「あずさ」は終着の松本駅に到着した。ホームから白銀に輝く円錐型の高峰が見える。北アルプスの常念岳だ。ここに来る度に、松本は「山の都」だなと嬉しくなる。

本日の目的地は「アルピコ交通上高地線」。長野生まれの私には、「アルピコ」というよりも旧称の「松本電鉄」が馴染み深いが、２０１１（平成23）年の合併によって社名が変更されたのだ。ところが、乗り場の７番線まで来てみれば、ホームいっぱいに描かれた「松本電鉄上高地線」の大きな文字が飛び込んできた。昔からの乗客に配慮してとのこと、これまた嬉しい限りである。

７番線ホームでしばらく待っていると、新島々発の折り返し電車が到着した。懐かしいことに、かつて京王電鉄井の頭線で活躍した３０００系だ。渋谷と吉祥寺を結んでいた都会の電車が、北アルプスに抱かれたハイランドで、第２の人生というわけである。その車体には英語で「Highland Rail Kamikochi Line」の文字と、「なぎさTRAIN」のヘッドマーク、さらにキャラクター嬢がラッピングされていた。名前は「渕東なぎさ」。はて、渕東とは何と読むのだろう。松本ではポピュラーな苗字なのだろうか。

松本市内を走るアルピコ交通「なぎさTRAIN」。車両は元京王3000系

疑問は、松本駅を発車して2つ目の渚駅で解けた。山国信州とはおよそ結びつかない駅名だが、なぎさの由来は渚駅だ。ということは渕東駅もあるはず。路線図を見上げると予想的中！

終点の新島々駅の1駅手前が渕東駅。その瞬間、本日の途中下車駅は決まった。

車庫に凸型の電気機関車や、元東急の青ガエル（5000形）などが並ぶ新村《にいむら》駅を発車し、乗

両開きのドア窓には渕東なぎさと
上高地の風景をラッピング

松本電鉄の文字が残る松本駅のアルピコ交通ホーム

足が雪に埋もれ冷たそうな渕東なぎさ譲

降客の多い波田駅を過ぎ、一段と積雪量の多くなった田園地帯を駆け抜けて、目指す渕東駅に到着した。

果たして駅名は、「えんどう」だった。下車したのは私一人。しかも田圃の中の無人駅なので誰かに由来を聞くことはできなかったが、渕は淵の俗字であり、「えん」と読むのは意外だった。雪のホームにはキャラクターの渕東なぎさ嬢。雪に埋もれた足が冷たそう。

ろくもん登場――しなの鉄道◉上田《うえだ》駅（長野県）

東京駅から乗った長野新幹線はラッキーなことに最新鋭E7系だった。来春3月14日開業予定の北陸新幹線用車両だ。新型だけにすごい！　普通車も全席コンセント完備だ。トイレに行ってさらに驚く。ドアが開いた途端、便座のフタが自動的にオープンするではないか。思わず声をあげそうになったが、温水洗浄便座といい自動オープン便座といい、日本の列車トイレもずいぶんクールになったと感心する。

東京駅から1時間少々で軽井沢駅に到着。しなの鉄道に乗り換えるべく窓口まで行くと、「本日の『ろくもん3号』空席あり」の表示。「ろくもん」とは今年7月11日にデビューした観光列車のこと。ニュースなどで知ってはいたが、まだ乗ったことはなかった。

上田駅前の真田幸村。後に六文銭

今日はラッキーだなと、指定券（1000円）を購入する。するとその場で「売り切れ」となった。最後の1枚だったのだ。待つこと1時間半、長野からの「ろくもん2号」が到着し折り返し「ろくもん3号」となる。朱赤の車体には、真田家の六文

浅間山をバックに走る快速「ろくもん1号」。信濃追分～御代田間

「ろくもん」と真田幸村のツーショット。実は上田駅長の酒井彦弥さん

銭の旗印がシンボリックに描かれている。なるほど、信濃国ゆかりの「六文銭電車」というわけだ。車内に入ってみれば障子や長野県産天然木を多用した純日本風のインテリアが飛び込んで来た。

15時57分軽井沢駅を発車する。

「ろくもん2号」の懐石御膳。信州信濃の美味を満喫

車窓を紅葉が掠める。高原の秋だ。信濃追分駅を過ぎるとアナウンスが流れた。「間もなく、進行方向右側に浅間山がご覧になれます。速度を落としますのでゆっくりご覧ください」

平原駅を過ぎると、進行方向左手に懐かしい風景が現れた。並行する小海線の乙女駅から山頂に仏舎利塔がある糠塚山《ぬかづかやま》にかけての景観だ。そこは私の生まれ故郷であり遊び場だった。うさぎ追いしかの山、小鮒釣りしかの川なのだ。

懐かしさのあまり小諸駅で下車しようと思ったが、上田駅まで足を伸ばすことにした。この電車、「ろくもん」の由来となった真田家の本拠地、上田城まで行きたくなったからだ。およそ20分後、上田駅で途中下車すれば、馬上の真田幸村像が歓迎してくれた。２０１６(平成28)年のＮＨＫ大河ドラマは「真田丸」。主演は倍返しの堺雅人。今から楽しみだ。

日本の真ん中——上田電鉄◉下之郷《しものごう》駅（長野県）

長野県は我が故郷である。それだけに長野電鉄、松本電鉄、しなの鉄道なども紹介したいところだが、この紙幅では無理というもの。そこで子どもの頃によく乗った上田電鉄を再訪することにした。もっとも私が子どもの頃は上田丸子電鉄だったが。

東京駅から長野新幹線に乗りわずか1時間13分で上田駅に降り立つ。上田電鉄の乗り場へ行く前に、駅前の真田幸村騎馬像にご挨拶。長野県人としては、二度にわたる徳川の大軍をわずかな手兵で阻止した武勇の将を拝まずにはいられない。六文銭の旗印がまたいい。真田は上田のシンボルだとつくづく思う。

生島足島神社最寄り駅、下之郷駅

さて、上田電鉄である。私が子どもの頃は、真田・傍陽《そえひ》線、丸子線、西丸子線などもあったが今日まで残ったのは別所線のみ。いささか寂しくなったが、地方私鉄はどこも経営が厳しい。別所線だけでも残ったことにむしろ感謝である。

高架ホームで発車を待っていたのは東急から譲渡され

下之郷駅に停車中の「真田丸ラッピング電車」。元東急1000系

た1000系電車だった。東急の創業者といえば五島《ごとう》慶太《けいた》だが、出身地は上田駅から西に12キロほどの青木村である。その青木村まではかつて上田電鉄の前身、上田温泉電軌青木線が通じていた。会社の規模は違うけれど、東急と上田電鉄との浅からぬ縁が感じられてならない。

　上田駅を発車した別所温泉行き電車は、轟々と音をあげながら千曲川鉄橋を渡る。腰まで水に浸かって釣り糸を垂れる太公望の狙いは鮎であろうか。千曲川の対岸はしばらく民家が軒を連ねていたが、上田原を過ぎると田園が広がった。稲穂が頭を垂れる水田、赤い実をたわわに付けたリンゴの木、白い花を咲かせた蕎麦畑が車窓を彩る。そんな畑の中の駅が神畑《かばたけ》。思わず途中下車したくなる駅名だ。

　けれども、実際に私が下車したのは神畑駅か

日本の真ん中に鎮座する真田家ゆかりの生島足島神社

ら二つ目の下之郷駅だった。社殿を思わせる雅な駅待合室と、「日本の真中・生島足島《いくしまたるしま》神社」と書かれた駅名板が飛び込んできたからだ。下車してみれば、幼い頃、両親に連れられ生島足島神社に初詣に来たことを思い出した。日本の真ん中の神社ということが自慢だった。

別所温泉駅に保存されている
「丸窓電車」モハ5252

リンゴと栗の季節――長野電鉄◉小布施《おぶせ》駅（長野県）

東京駅から長野新幹線「あさま」に乗る気分は格別である。私事で恐縮ながら長野が生まれ故郷なのだ。実際に暮らしたのは幼少期と小学2年から中学を卒業するまでの8年間で、高校入学から今日までの45年間はほとんど東京暮らし。なので東京の方がはるかに長くなった。

しかも両親が他界してからは足繁く帰省することもなくなったが、それでも故郷に帰る日は嬉しく、心に温かなものが感じられてならない。

高崎までは関東平野だけにトンネル一つなかったが、安中榛名付近からは山が迫りトンネルが連続する。「間もなく軽井沢です。しなの鉄道はお乗り換えです」。アナウンスが流れると、トンネルを抜け標高1000メートルの高原へ。進行方向右側の車窓に浅間山が現れる。

大らかな山容は父親のような存在で、「お帰り！」と、いつも声を掛けてくれるような気がしてならない。そう！　軽井沢から先が、我が故郷、長野県なのである。

軽井沢を発車すると、佐久平、上田と停車し、終点の長野駅に滑り込む。今は「長野新幹線」だが、1年半後に金沢まで延伸すると「北陸新幹線」となり長野の文字は消えてしまうのだろうか？　長野県人としては気になるところではある。

コスモス咲く信濃路を走る長野電鉄2100系「スノーモンキー」

さて、今日の主目的は善光寺詣りとリンゴと栗である。善光寺参拝の後、長野電鉄の権堂《ごんどう》駅から乗った特急は元「成田エクスプレス」の車両だった。現在は「スノーモンキー」として長野の地で第二の人生を歩んでいるのである。それればかりではない。元小田急ロマンスカーや、元東急田園都市線、元地下鉄日比谷線の車両も長電で活躍している。

およそ10分で千曲川鉄橋を渡り郊外へ。果樹園が広がった。赤い実をたわわにつけているのはリンゴだ。私の母方の実家は小諸のリンゴ農家だった。旭、国光、紅玉、印度……子どもの頃に親しんだ信州リンゴの銘柄だが、今でも紅玉はたまに見かけるが、他はなくなってしまったのだろうか？

須坂を過ぎて途中下車したのは小布施駅。栗の産地である。ここには「桜井甘精堂」「塩屋櫻井」など栗菓子の老舗がある。栗も私の大好物。ああ親戚になりたい。

さらば信越本線脇野田駅——えちごトキめき鉄道◉上越《じょうえつ》妙高《みょうこう》駅（新潟県）

去る3月14日は、バレンタインデーのお返しのホワイトデーだったが、私にとってそれより重要なことは、JRのダイヤ改正だった。その前日の13日、「青春18きっぷ」を手に長野駅から信越本線の各駅停車に乗って直江津駅を目指していた。

ダイヤ改正は時として無情である。泣いても笑っても長野〜直江津間（75キロ）が信越本線なのはこの日限り。明日から第3セクターに移行するのだ。私は旧信越本線沿線の小諸生まれである。それだけに名残惜しい。

黒姫山や妙高山など、信越本線からはこれが最後となる車窓を眺めつつ途中下車したのは、脇野田《わきのだ》駅だった。明日からこの駅も上越妙高駅に改称されるのだ。ホーム上の「信越線」「脇野田駅」の看板を撮影していると、「今日が最後ですな」と、初老の紳士に声を掛けられた。そして、「できれば、JRのままが良かった」と、駅に語りかけるように言われた。同感である。明日からは、「青春18きっぷ」の適用外にもなってしまうのだから。

2015年3月14日に誕生した上越妙高駅

3月14日開業当日の「えちごトキめき鉄道」上越妙高駅

朱鷺をキャラクターにしたヘッドマーク

かくして翌14日、ピッカピカの北陸新幹線「はくたか557号」に乗って11時47分、上越妙高駅に降り立つ。いや、ものすごい人、人、人で、歩けないほど。まるで盆と正月とお祭りがいっぺんに来たかのようだ。

まず、飛び込んできたのは新潟県民栄誉賞受賞歌手・小林幸子の「いらっしゃ〜い」というポスターだった。上越妙高駅の開業を記念して、本日午後12時半から、「小林幸子スペシャルステージ」の開演である。さすがにすごい人気で、会場に入れるわけもなく、すごすごと、昨日降り立った在来線のホームまでやってきた。そこには、「えちごトキめき鉄道」「妙高はねうまライン」そして「上越妙高駅」の真新しいロゴと文字が並んでいた。どこを探しても、昨日まであった「信越線」「脇野田駅」の文字はなかった。一夜にしてすべてが変わったのだ。

上越妙高駅の名は的を射ていると思う。けれども、１９２１（大正10）年の開業以来94年間にわたり親しまれてきた脇野田の名が、やがては忘れ去られてしまうことに、一抹の寂しさを覚えずにはいられなかった。

開業初日のえちごトキめき鉄道斎藤乗務員

新潟の地酒満載の「越乃Shu＊Kura」始発駅

時速160キロ！——北越急行◉虫《むし》川《がわ》大《おお》杉《すぎ》駅（新潟県）

夏休み中とあって上越新幹線「とき」は混雑していた。そこで各駅停車「たにがわ」で越後湯沢に向かう。車内には、南米からの旅行者であろうか、スペイン語を話す賑やかなグループが乗っていた。やがて熊谷到着の車内放送が流れた。

「間もなく熊谷です。高崎線はお乗り換えです」

その瞬間、彼らは「タカサキ、タカサキ」と言いながら席を立ったのだが、停車すると「ノー、ノー」と首を横に振りながら戻ってきた。どうやら高崎駅と高崎線を聞き違えたらしい。無理もない。駅名と路線名が同じことがそもそも間違いの元。外国人のためにも改善すべきことであろう。

北越急行ほくほく線のロゴタイプ

越後湯沢からは北越急行「ほくほく線」直通の普通列車直江津行きに乗り換えた。ほくほく線といえば、特急「はくたか」に乗って北陸を目指す、つまり一気に通過することの多い私だが、今日は、どこか気に入った駅で途中下車しようと思う。ちなみに、ほくほく線は通称でも愛称でもなく正式な路線名である。「ほくほく駅」は存在しないので高崎線

北越急行線をハイスピードで飛ばす特急「はくたか」スノーラビット編成

のような間違いも起こらない。

それはさておき、青々とした稲田広がる米どころ南魚沼地方の田園地帯を快走した列車は、六日町駅で上越線に別れを告げ、ほくほく線に乗り入れた。すると線路は高架線となり一気にスピードアップする。各駅停車は最高時速110キロだが、特急「はくたか」は時速160キロ。線路幅1067ミリの狭軌在来線では、日本一どころか世界一の高速鉄道である。

途中、美佐島《みさしま》という駅名にも大いに惹かれたが、トンネル駅だったので見送り、ここぞとばかり途中下車したのは、虫川大杉駅だった。夏休みの昆虫採集や川遊びを連想させる楽しい駅名である。下車してみれば、駅を囲むようにして生い茂る杉の美林が見事である。

炎天下の畦道を歩くこと10分、駅名の由来と

最高時速160キロを誇る北越急行ほくほく線。虫川大杉駅付近

なった国の天然記念物「虫川の大杉」はあった。樹齢1000年以上と推定される巨木である。大杉の緑陰にてしばし涼をとる。聞こえるのは風の音と蝉の声。と、その時、特急「はくたか」が時速160キロで疾駆して行った。速!

＊在来線の特急「はくたか」は、2015年3月14日の北陸新幹線金沢開業により廃止された。

駅名の由来となった虫川の大杉。
樹齢1000年を超えると伝わる

黒部の紅葉

黒部峡谷鉄道◉宇奈月《うなづき》駅（富山県）

北陸新幹線の列車名が発表された。「かがやき」「はくたか」「あさま」「つるぎ」である。私としては主役となる最速列車は、一般公募でも第1位の「はくたか」が良かった。なぜなら初代の特急「はくたか」（上野～金沢）誕生は48年前。まだ小学生だった1965（昭和40）年のこと。上越新幹線の開業に伴う休止はあったが、基本的には首都圏と北陸を結ぶ最速の特急として活躍し続けてきた。「かがやき」には悪いがそれだけ「はくたか」には思い入れも愛着も大きいのだ。

そんなことを思い浮かべつつ越後湯沢から特急「はくたか」に乗って魚津で下車。隣接する新魚津駅から富山地方鉄道に乗り換え終点の宇奈月温泉駅へ。駅前の噴水から盛大に湯けむりが上がっている。温泉の噴水だ。入浴は後の楽しみにとっておいて、顔だけ湯気に当たってみる。心なしか頬がしっとり。こういうのを「顔湯」というのだろうか？

駅前通りを上り詰めるとそこは黒部峡谷鉄道の宇奈月駅。紅葉シーズンゆえ人気のトロッコ列車は1～2時間待ちを覚悟して来たのだが、平日ということもあり次の普通客車に空きがあるという。ラッキーとばかり乗車してみれば、普通客車とは、ドアも窓もなく鎖だけが唯一の安全対策といった野趣あふれる車両だった。

錦秋の黒部峡谷を行くトロッコ列車

「囲い無き　山の車の席買ひて　四里上りゆく黒部の紅葉」

と、与謝野晶子は詠っているが、当時は鎖という囲いすらなかったらしい。事実、晶子が乗った1933（昭和8）年当時は、日本電力（現在の関西電力）の専用軌道で、一般客乗車の営業免許がなかった時代である。たとえ便乗客であっても、「生命の保証はしない」という但し書き付きの切符が発行されたそうだ。

さて、宇奈月駅を発車したトロッコ列車は、燃えるかのような黒部峡谷の紅葉の中を走りだした。ドアも窓ガラスもないまさにフルオープンの普通客車は写真撮影にも最適で私はゴキゲンだった。ところが、進み行くうちに標高が上がりぐんと冷え込んできた。さらにトンネルに入ると冷気に包まれ、あたかも冷蔵庫のようだ。ここで一首、

「窓も無き　普通客車の席買ひて　ブルブル震える黒部の紅葉」

ああ、温泉が恋しい。

＊在来線の特急「はくたか」は、2015年3月14日の北陸新幹線金沢開業により廃止された。

「あいの風」なのに「トキてつ」？——あいの風とやま鉄道◉越《えっ》中《ちゅう》宮《みや》崎《ざき》駅（富山県）

富山で仕事を終えた帰り道、そのまま北陸新幹線に乗る気になれず、途中駅まで「あいの風とやま鉄道」に乗って帰京することにした。まだ日は高かったし、新幹線は乗ってしまえば東京までわずか2時間ほど。時間の許す限り北陸旅情を味わっていたかったのだ。

JR北陸本線から第3セクターに移行して早いもので3ヶ月。銀色の電車は明らかにJRと同型ながら、車内外のどこにもJRの文字はない。「あいの風とやま鉄道」一色だ。通りかかった若い女性車掌に、鉄道名の「あいの風」について尋ねてみれば、「愛の風ではなく、春から夏にかけて富山地方に吹く爽やかな風のことです。万葉集にも詠われております」とのこと。

隣の石川県が「IR《あいあーる》いしかわ鉄道」なので、私はてっきり「愛の風とやま鉄道」だと思い込んでいた。それだけに目から鱗であった。

富山発車時点では混雑していた車内も、滑川《なめりかわ》、魚津、黒部と停車する毎に空いてきて入善《にゅうぜん》駅を出るとガラガラになった。アナウンスが流れる。

「次は終点泊《とまり》です。『えちごトキめき鉄道』はお乗り換えです」

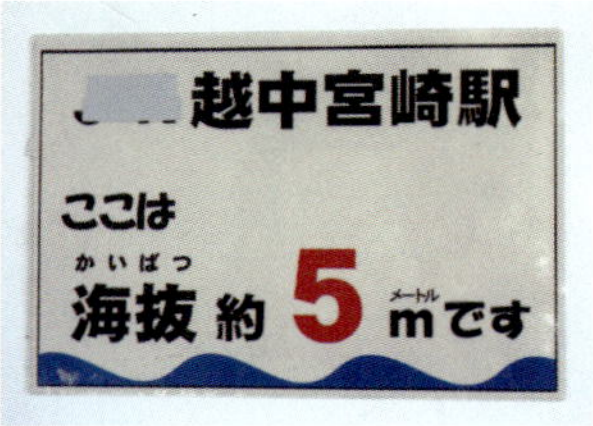

「JR」を隠しただけの駅名表示

越中宮崎駅前の海岸より日本海を望む。中央の断崖は天嶮親不知

「おや？『あいの風とやま鉄道』は市振《いちぶり》駅まででは？」と、思ったが、時刻表を見れば、1日2往復以外は全列車が泊駅で乗り換えとなっている。鉄道会社のボーダーは市振駅だが、実質的には泊駅のようだ。乗り換えもタイミングさえ良ければ2分だが、私のように運が悪いと1時間14分待ちとなる。別会社ならまだしも、泊〜市振間はれっきとした「あいの風とやま鉄道」なのだ。

長〜い待ち時間を楽しんだ後、乗り換えたのは車体に「トキてつ」と描かれたディーゼルカーだった。電化路線だがディーゼルである。乗務員の話では、この方がはるかに低コストなのだそうだ。

泊駅を発車すると大海原が広がった。日本海だ。車内放送が、「えちごトキめき鉄道に御乗

「あいの風とやま鉄道」越中宮崎駅に停車する「えちごトキめき鉄道」仕立ての列車

車ありがとうございます」と告げる。私は「まだ富山県なのに」と思う。事実、次の停車駅は越中宮崎駅。「越中」という二文字に惹かれて途中下車。駅から1分で、日本の渚百選ヒスイ海岸が広がる。砂浜に腰を下ろすと、あいの風に包まれた。

越中宮崎駅前のヒスイ海岸などの観光案内板

チューリップ地方鉄道——富山地方鉄道◉越中中村《えっちゅうなかむら》駅（富山県）

この冬、映画『ＲＡＩＬＷＡＹＳ　愛を伝えられない大人たちへ』を鑑賞し、思わず落涙された方も多いのでは？　私もその一人である。舞台は富山地方鉄道。主人公の定年を目前に控えた運転士役に三浦友和。その妻に余貴美子というキャスティングだが、三浦友和といえば今も『伊豆の踊子』の初々しい情景が目に浮かぶ。青年三浦友和もはや60歳。定年の役にぴったりの年齢となったのだ。

三浦友和、余貴美子の好演もさることながら、この映画の名脇役が富山地方鉄道の多種多彩な電車たちである。その中でも、主役として登場するのが、元西武鉄道の特急「レッドアロー」だ。西武初の特急として華々しくデビューしたのは43年前の１９６９（昭和44）年のこと。当時私は金欠病の高校1年生。池袋から西武秩父まで、行きは奮発して「レッドアロー」に乗ったものの、帰りは飲まず食わずで各駅停車。映画を見ながら当時のことを思い出し、今も富山で元気に活躍している「レッドアロー」に無性に会いたくなった。

かくして富山へ。北陸新幹線の工事もたけなわの富山駅前を左に進むと古風な電鉄富山駅があり、２本の電車が発車を待っていた。１本は各駅停車岩峅寺《いわくらじ》行き。元京阪電鉄の「テレビカー」

チューリップ咲く田園地帯を行く特急「うなづき号」。越中中村〜西魚津間

であり、関西の人にとっては懐かしい電車だ。そしてもう1本が特急「うなづき号」。私が乗りたかった元西武の「レッドアロー」である。関東と関西の名特急の顔合わせは、富山地方鉄道ならではの楽しさだ。

どちらに先に乗ろうか迷ったが、まずは「レッドアロー」に乗車する。車内に一歩入った途端、43年前の高校時代に戻ったような気分になり、目頭が熱くなった。

電鉄富山駅を発車し市街地を抜けると進行方向右手に屏風のように屹立する山脈が現れた。富山のシンボル立山連峰だ。

上市《かみいち》駅でスイッチバックし、ホタルイカで有名な滑川を過ぎ、車窓に目を凝らす。例年通りなら4月20日頃、チューリップが開花するからだ。これまでの経験では可能性が高いのが越中中村駅付近。ちなみにチューリップの花言葉は「愛」。富山地方鉄道は、愛を伝えられるレイルウェイズ。

鉄道むすめのLRT——富山ライトレール◉岩瀬浜《いわせはま》駅（富山県）

富山駅は、２０１５（平成27）年の春開業予定の北陸新幹線の工事で、活況を呈していた。特に正面玄関側の南口は仮駅舎、仮窓口、仮店舗が連なり、今まさに突貫工事中だ。列車は24時間走り続けている。一日も休むことなく旧駅から新駅に移行するのだから大変なことである。

一方、北口は新幹線の反対側とあってか、大がかりな工事は行われていなかった。あるいは北口はこのままなのかもしれない。ともあれ、階段を降りて北口駅前広場へ。そこでは、２両編成のトラム（路面電車）が発車を待っていた。ＬＲＴ「富山ライトレール」である。

ＬＲＴとは、ライト・レール・トランジットの頭文字で、欧米の各都市で躍進著しい新型路面電車のことである。日本では、２００６（平成18）年にＪＲ富山港線をＬＲＴ化した「富山ライトレール」が、ＬＲＴ第1号となった。その結果、運行本数がＪＲ時代のおよそ3倍に増え、利便性が大幅に向上したことから、乗客数もＪＲ時代を大きく上回っているそうだ。めでたいことである。

いざ、富山駅北電停からさっそくＬＲＴに乗ろうと思いきや、「鉄道むすめ巡りラッピング電車運行中」の看板が目にとまった。はて、「鉄道むすめ」とは何だろう？　乗務員に尋ねてみれば、「次の電車が鉄道むすめです」とのこと。

富山駅北口駅前大通りを行く「鉄道むすめ巡りラッピング電車」

そこで、1本見送ると、何とも華やかなラッピング電車が到着。しかも、可愛らしいアテンダント嬢が乗務している。ちなみに「鉄道むすめ」とは、模型玩具メーカーのトミーテックが展開する各鉄道制服コレクションのオリジナル・キャラクター。「富山ライトレール」のキャラクターは、終点、岩瀬浜の駅名から、岩瀬ゆうこアテンダントだ。

さあ、ＬＲＴは発車した。まずは北口駅前の大通り上を進む。華やかなラッピングのせいか道行く人々の視線も熱い。途中の電停にて、車椅子の老人が乗車する。新型ＬＲＴのバリアフリーの優秀さもさることながら、アテンダント嬢の手際のいいこと。まさに「鉄道むすめ」の面目躍如である。

新幹線が来る前に、富山には、すこぶる便利で快適なＬＲＴが誕生した。他の都市でも、ＬＲＴを大いに期待したい。

5月1日は運休？——万葉線◉越《こし》ノ《の》潟《かた》駅（富山県）

高岡駅に降り立つと、真新しい駅舎が目に飛び込んで来た。2年半の改築工事を終え、3月29日に新高岡ステーションビルに生まれ変わったのだ。同時に駅前広場から発着していた万葉線も110メートル延長され、駅ビル1階より発着するようになった。乗り換えも便利になり、雨や雪の日も傘要らずとなった。

さっそく新装なった高岡駅より万葉線に乗車する。嬉しいことに一番人気の「ドラえもんトラム」である。作者の藤子・F・不二雄氏は、ここ高岡の出身なのだ。

万葉線は高岡市と射水《いみず》市を結ぶ全長12・9キロのトラム（路面電車）だが、乗る度に便利になると感じる。初めて乗ったのは20年も前だが、当時は私鉄の加越能《かえつのう》鉄道だった。御多分にもれず、地方私鉄は経営難でいずれは廃止かと思っていたが、2002（平成14）年に高岡市、当時の新湊市、富山県などが出資する第3セクター「万葉線」に継承された。

とりわけ感動的だったことは、当時、高岡市で大規模駐車場の計画があったが中止し、その予算を万葉線に充てたそうだ。マイカーよりも、マイ電車の優遇に、大きな拍手を送りたい。

そして今回は、駅ビル乗り入れを果たしたわけだが、さらに片原町から波岡まで、2・5キロ

越ノ潟駅で折り返す「ドラえもんトラム」。ほぼ全員が往復乗車

天井にはタケコプターのドラえもん

の延伸計画もある。ぜひ実現してほしい。

高岡駅から42分で「ドラえもんトラム」は終点の越ノ潟駅に到着した。その先には富山新港を横断する県営渡し船「こしのかた」が待っていた。ちなみに渡し船は無料なので、ロハで船旅気分も味わえる。

ところで明日5月1日、万葉線は高岡駅から坂下町まで約１キロの区間が10時15分から14時まで運休となる。一体なぜ？　それは毎年５月１日に「高岡御車山祭《みくるまやままつり》」が行われるから。

御車山は、加賀百万石の礎を築いた前田利家が、豊臣秀吉より拝領し、利家の嫡男で２代藩主となった利長が、高岡城を築城するに当たり御車山を町民に与えたのが始まりとされる。４００年の伝統を今に伝える絢爛豪華な桃山絵巻だ。御車山は約８メートル、万葉線の架線は約５メートル。そこでこの日ばかりは架線を外し、御車山に線路を譲るのである。

万葉線の線路上を行く御車山

JRからIR——IRいしかわ鉄道◉倶利伽羅《くりから》駅（石川県）

北陸新幹線の開業によって並行して走る北陸本線の一部が第3セクターに移行した。石川県内は、「IRいしかわ鉄道」だ。IRとは、石川と鉄道の頭文字だが、「愛あ〜る」とも読めるし、アルファベット順では、JRの一歩前を行く。ナイスネーミングと感心しつつ、北陸新幹線開業に沸く金沢駅から「IRいしかわ鉄道」富山行きに乗車した。

ちなみに富山県側は、「あいの風とやま鉄道」に移行したが、JR北陸本線の時代と同様に、金沢〜富山間を走る列車は、すべて直通運転である。

金沢駅を発車すると、東金沢、森本と停車し津幡《つばた》駅に着く。車内放送が、「JR七尾線はお乗り換えです」と、告げている。

これまでは金沢〜津幡間もJR線だったが、今後は金沢からJR七尾線方面に向かう場合、誰しもが「IRいしかわ鉄道」の運賃を別途支払うことになる。当然割高になったわけだが、新幹線の功罪といえるだろう。

津幡駅より左手に分岐する七尾線の線路を眺めつつ、田園地帯を進む。やがて前方の山並みが目の前まで迫ると、倶利伽羅駅に停車した。ここで途中下車する。2両編成の電車から降りたの

ウグイス鳴く倶利伽羅駅。「あいの風とやま鉄道」直通電車が発車する

は私一人だった。その時、あたかも私を歓迎するかのように、ウグイスが「ホーホケキョ」と鳴いた。

石川、富山県境に位置する倶利伽羅駅は、鉄道紀行作家の宮脇俊三さんお気に入りの駅だった。名著『時刻表2万キロ』には、こう記されている。

「トンネルを出て二キロほどの地点に倶利伽羅駅がある。北陸本線屈指の小駅で、急行券なしで乗れる列車にさえ通過される気の毒な駅である。が、駅名の魅力においては北陸本線随一だと私は思っている」。私も同感である。

倶利伽羅の地名は、1183（寿永2）年、木曾義仲が平維盛《たいらのこれもり》率いる平家軍を火牛によって破った源平の古戦場としてつとに有名だが、その最寄り駅が倶利伽羅駅だ。

駅舎はＪＲ時代と何ら変わりなかったが、ロゴのみＩＲに変わっていた。駅から古戦場までおよそ４キロ。倶利伽羅峠に向かう山道を私は歩き出した。頭上でウグイスが再び鳴く。もしかすると、生まれ変わったら鳥になりたいと言っていた宮脇さんかもしれない。

倶利伽羅駅を発車するIRいしかわ鉄道

木造の駅舎はJR時代と変わりないが、ロゴのみJRからIRに

源平の古戦場、倶利伽羅峠

スイーツ列車お目見え——のと鉄道◉穴水《あなみず》駅（石川県）

5月の連休はどこに行こうか迷ったが、結局、北陸新幹線に乗って能登半島を目指した。北陸新幹線は、3月14日の開業日と翌日の2日間で新幹線新7駅すべてに途中下車できたが、時間の都合で能登までは足を伸ばせなかったからである。

宿泊したのは半島のほぼ中央に位置する和倉温泉。さすがに連休中とあって全館満室の盛況だ。宿の人の話では北陸新幹線の開業以来、関東方面からのお客さんがおよそ3倍に増えたという。新幹線効果である。

以前は中間駅だったが今は終着駅

和倉名物の塩味とろとろ温泉玉子「しお温玉」で朝食を済ませ和倉温泉駅へ。9時08分発、のと鉄道「のと里山里海1号」穴水行きに乗車する。4月29日にデビューした最新型観光列車だ。発車するとエンジ色のブラウスも素敵な乗務員よりコーヒーがサービスされ、続いて、ロールケーキ、マカロン、サブレーのトレイがセットされた。そう！「のと里山里海号」は土休日にはスイーツ列車として運行されるのである。

かつて、のと鉄道は能登半島の先端まで115キロの路線があった。ところが2001（平成13）年に穴水～輪島間が廃止され、05年には穴水～蛸島《たこじま》間も廃止となり、現在の和倉温泉～穴水間28キロに縮小された。正直なところ、この区間もいつ廃止になってもおかしくない状況だった。そこに新車登場である。しかも片道35分ほどで走る短区間にスイーツ列車の設定だ。大いに乗って応援しようと、馳せ参じた次第である。

美味しそうな笑顔が並ぶ「のと里山里海号」

35分でスイーツはゆっくり味わえないと思っていたが、海が見える絶景区間では徐行したり、郵便車が展示されている能登中島駅では見学のため17分間停車するなど、ゆっくり64分かけて穴水駅に到着した。すると、「あなみず？　アナスイじゃなかったの？」。若い女性グループの一人が素っ頓狂な声をあげた。なるほど、ニューヨーク生まれのファッション・ブランド「アナスイ」と間違えても無理はない。

穴水駅前には「追手風部屋《おいてかぜ》」と「遠藤関」ののぼりが五月の風を受けてはためいていた。穴水町は追手風親方と遠藤関の出身地。アナスイと相撲のコラボ列車が走ったら話題を呼ぶのでは!?

能登半島の田園地帯を行く「のと里山里海号」。能登中島～西岸間

「のと里山里海号」と乗務員の中川結花子さん

懐かしの井の頭線――北陸鉄道◉粟《あわ》ケ《が》崎《さき》駅（石川県）

直江津から北陸本線に乗る時は進行方向右側に座ることが常である。日本海が眺められるからだ。けれども本日は途中から左側に転じた。なぜなら今まさに工事中の北陸新幹線高架橋が左窓に現れたからだ。開業予定は２０１４（平成26）年度末、ということは後２年半で新幹線が金沢にやって来る。

新しい新幹線には子どもならずともわくわくするものだが、同時に北陸本線に乗る機会も少なくなると思うと、嬉しさと寂しさとが交錯し複雑な心境に陥った。そんな私の想いも乗せた特急「はくたか」は金沢駅に到着した。

金沢駅東口の巨大な鼓門を仰ぎ見てから、エスカレーターで地下街に吸い込まれる。私の向かう先は北陸鉄道浅野川線の北鉄金沢駅。広大な金沢駅の地下スペースの片隅に、北鉄金沢駅はあった。地下ということもあって、うっかりしていると通り過ぎてしまうほどささやかな入口である。ローカル私鉄なので致し方ないのかもしれない。

けれども、切符を買ってホームに入った私は小躍りしてしまった。そこに停車していたのは、私の地元、京王井の頭線を走っていた３０００系だったからだ。３０００系最大の特徴は、電車

大野川鉄橋を行く北陸鉄道8000系、元京王3000系。蚊爪〜粟ヶ崎間

の顔に当たる先頭車両を7色のパステルカラーに塗り分けたこと。次は何色の電車が来るか楽しみで、明大前のホームで何本も見送ったものである。

私のお気に入りは、サーモンピンクとバイオレットだったが、北陸鉄道ではコーポレートカラーのオレンジ色に塗装され、さらに雪国らしく、スノープロウ（雪かき）が追加装備されていた。

ベルが鳴って発車する。しばし地下を行く気分は、井の頭線の渋谷〜神泉間のようでもある。けれども地上に出ると、東京とはまるで異なるのんびりとした風景が広がった。線路の右手には浅野川の堤防が続く。それゆえ浅野川線というわけだが、乗客たちからは親しみを込めて「あさでん」と呼ばれている。車窓からどこかいい撮影場所はないかしらと探していたら大野川鉄橋に差しかかった。「ここだ‼」とばかりに飛び降りた駅が、粟ヶ崎駅であった。３０００系よ、北陸鉄道でも末永く！

恐竜がお出迎え——福井鉄道◉福井駅前《ふくいえきまえ》電停（福井県）

北陸新幹線が金沢まで開業し北陸三県が圧倒的に近くなった。東京〜富山は2時間8分、金沢でも2時間28分である。

ところで福井までは？　さっそく時刻表で調べてみる。東京駅を朝6時16分に発車する北陸新幹線の一番列車「かがやき501号」に乗ると金沢で乗り換え、福井には9時45分着。一方、東海道新幹線の朝一番6時発の「のぞみ1号」で出発すると名古屋、米原で乗り継ぎ、9時14分福井着。公平を期すため16分プラスしても9時30分なので、福井へは東海道経由の方が距離は遠いが、所要時間は短いのだ。

そこで妙案が浮かんだ。東京からの往復ではなく、行きは東海道新幹線、帰りは北陸新幹線という一筆書きだ。そもそも東京〜福井間は距離が短く往復割引が適用されない。その代わり、ぐるりと一周する一筆書き切符ならおよそ4000円割安になる。

かくして「のぞみ1号」「ひかり495号」を乗り継いで米原より「しらさぎ51号」の客となる。

琵琶湖や余呉《よご》湖を眺めつつ敦賀へ、北陸トンネルを抜けるとアナウンスが流れた。

福井駅前に到着した「ふくらむ号」。福井鉄道53年振りの新型車両

「次は武生《たけふ》です」

その瞬間、武生から福井市内までローカル私鉄「福井鉄道」が走っていることを思い出した。ここまで来たらもう急ぐ必要などない。寄り道しながら行こう。

越前武生駅で発車を待っていたのはピッカピカの新型車両「ふくらむ号」だった。福井鉄道といえばこれまでは、旧型か名鉄のお古が多かった。それだけに驚きである。乗務員に話を聞けば、実に53年振りの新車と胸を張る。その心意気に盛大な拍手を送りたい。

越前市内を抜けると菜の花咲く田園地帯が広がった。新型電車を見つけた子どもたちが手を振る。「ふくらむ号」はローカル私鉄のスーパースターなのだ。越前市から鯖江《さばえ》市を抜け、福井市内に入ると鉄道から軌道線へ。「ふくらむ号」はいきなり道路を走り出す。突然、路面電車に変身するわけだが、これもまた福井鉄道の醍醐味である。

さらに市役所前では、スイッチバックし、進行方向を変えて福井駅前に到着した。これだけでも十分面白いのに、福井駅前ではびっくり仰天。なんと恐竜が3頭も出現！

＊2016年3月27日のJR福井駅西口広場への延伸により、福井駅前電停は福井駅電停に改称された。

福井駅前に出現した恐竜フクイティタン

福井駅のベンチにも恐竜現る

東京駅と同級生――えちぜん鉄道◉永平寺口《えいへいじぐち》駅（福井県）

カニの美味い季節がやってきた。カニにもズワイ、タラバ、花咲、毛ガニなど色々あるが、冬の日本海の味覚といえばズワイで決まり。地方により名前が変わるカニでもある。鳥取と島根両県は松葉ガニ、福井県では越前ガニ。どこのカニを食べようか？　我が家から一番近いのは福井県。ということで新幹線を米原で下車し、北陸本線の特急「しらさぎ号」に乗り換えた。

この列車、以前は米原を発車ししばらくすると電源切換のため停電したものだが、6年前に解消した。交直流の切換ポイントが長浜～虎姫から、敦賀～南今庄《みなみいまじょう》に移転したのだ。そこで敦賀を過ぎてからの「停電」を楽しみにしていたのだが、なぜかしなかった。車掌に尋ねてみれば、車両が新型になり停電しなくなったという。電源切換の風物詩がなくなって、ちょっぴり残念ではある。

さあ、福井駅に到着だ。ちょうど昼どきとあって、売店には美味そうな越前ガニの駅弁が並んでいる。今宵の宿は芦原《あわら》温泉。晩飯はもちろんカニ三昧の予定だが、もう我慢できない。そこで昼飯用に「香ばしい焼かにめし」という名の駅弁を購入する。

福井駅の東口から乗ったのは「えちぜん鉄道」の勝山永平寺線だった。芦原温泉方面は三国芦原線だが、その前に曹洞宗総本山、永平寺に参拝したくなったのだ。車内には可愛らしいアテンダントさんが乗務しており、「こんにちは！　ご乗車ありがとうございます！　どちらからですか?」と、挨拶される。その笑顔に、心身ともぽっと暖かくなる。電車の外は、もう木枯らしの世界。笑顔は何よりの暖房である。

途中の松岡駅では、近くの天龍寺が松尾芭蕉ゆかりのお寺と案内される。今から323年前の1689(元禄2)年、「おくのほそ道」の道中で芭蕉翁は天龍寺から永平寺に向かったのだそうだ。

永平寺口駅旧駅舎。東京駅と同じ1914年竣工

永平寺口駅に並んだ上下電車。当駅にて交換

そう聞いて、松岡駅で途中下車したくなったが、永平寺に行けなくなると困るので、思いとどまり永平寺口駅へ。木造の旧駅舎がいいたたずまいだ。だが、夢中で写真を撮るうちに、永平寺行きバスは発車してしまった。次のバスまで30分。私は駅のベンチに腰掛けて「香ばしい焼かにめし」の包みを開けた。

杉の美林を縫って走る「えちぜん鉄道」。永平寺はこの先の山中に